Loin des villes, loin du cœur

Collection *Monde en cours*
créée par Jean Viard

Ouvrage édité par Manon Viard,
dans le cadre d'une coédition
dirigée par Laurent Cohen et Jérémie Peltier

www.editionsdelaube.com

ISBN 978-2-8159-5968-1

Rémi Branco

Loin des villes, loin du cœur

La gauche veut-elle regagner les campagnes ?

éditions de l'aube
fondation jean-jaurès

À mon grand-père Maurice Mommejac
qui m'a appris que l'avenir vient de loin

Introduction

La gauche perd les campagnes électorales, c'est entendu. Elle perd aussi la campagne, nos campagnes. Et ces deux constats ne sont sans doute pas décorrélés. Élu dans le Lot depuis deux ans, je fais partie d'une nouvelle génération d'élus ruraux de gauche qui observe avec envie ses petits camarades des villes collectionner les circonscriptions, les collectivités, pendant que nous perdons pied, lentement, mais sûrement. Pas forcément à titre individuel, car fort heureusement, dans nos territoires, le lien de proximité avec les habitants permet de surmonter les diverses vagues électorales. Mais notre bannière, celle de la gauche, n'est plus un totem, un repère capable de fédérer. Personne n'ose le dire et, pourtant, elle devient un boulet.

Nous sommes devenus schizophrènes. Fiers de l'histoire de la gauche, de ses conquêtes sociales et des valeurs qu'elle porte, il nous est de plus en plus difficile d'assumer une proximité avec une partie de ce que la gauche donne à voir d'elle-même à travers les médias nationaux. Parce que trop de ses propos nous font perdre et parfois nous font honte. Combien de candidats masquent les logos ? Combien d'entre eux assumeront une sensibilité de gauche dans nos communes en 2026 ? Combien de militants oseront distribuer des tracts partisans pour les européennes sur nos marchés au printemps ?

Soyons lucides, aucun âge d'or de la gauche rurale triomphante n'a jamais existé. La gauche de mes parents et de mes grands-parents n'a jamais été très à l'aise dans des territoires marqués par le monde agricole, celui des artisans, des commerçants et des petits retraités.

Pourtant, la gauche y avait une place, une parole entendue, très souvent critiquée, mais respectée, y compris hors de ses bastions historiques, qu'ils soient communistes, socialistes ou radicaux. Mieux, à quelques reprises dans son histoire et encore dernièrement en 2012, la gauche y a trouvé un écho plutôt favorable.

Cette gauche s'en prenait essentiellement aux puissances de l'argent, à l'accumulation de la rente et soutenait celles et ceux qui n'avaient que le travail pour vivre et pour qui les services publics – et en premier lieu l'école – étaient l'unique capital dont ils disposaient pour se construire un avenir. La gauche réclamait une justice sociale et défendait une égalité entre territoires dont les ruraux pouvaient s'imaginer gagnants. Bref, la gauche, à défaut d'être leur porte-parole, pouvait être considérée comme étant de leur côté.

Je ne dis évidemment pas que le vote de gauche a disparu dans les territoires ruraux, mais j'observe que, lors des scrutins nationaux, il ne séduit qu'une frange de plus en plus réduite[1], souvent jeune, très politisée de son électorat. Pour le reste, la gauche suscite spontanément une hostilité de plus en plus vive, y compris chez des habitants relativement éloignés des débats politiques.

Autrefois protectrice, la gauche est devenue à leurs yeux au mieux indifférente, au pire agressive, jusqu'à représenter une menace pour leur mode de vie si elle arrivait au pouvoir ; des donneurs de leçons qui depuis les métropoles sont en train de leur expliquer comment il faut manger, s'habiller, se loger ou se déplacer. Nous sommes devenus l'élite. Une élite qui saurait tout mieux que les autres, qui se considère d'autorité comme un modèle de vie à suivre. Nous défendons – et heureusement ! – la planète, les peuples opprimés et les minorités victimes de discrimination. Mais nous sommes devenus comme étrangers, insensibles au quotidien de toute une partie de notre propre pays, y compris de nos électeurs, ou disons-le honnêtement, nos anciens électeurs.

Ne pas regarder cette réalité en face, nier ce problème, ne pas voir ce divorce, ce fossé, cette incompréhension, cette défiance qui monte envers la gauche actuelle serait fatal pour son avenir.

---

1. Voir Thomas Piketty et Julia Cagé, *Une histoire du conflit politique*, Paris, Seuil, 2023.

Par facilité, je pourrais me taire, poursuivre égoïstement mon mandat d'élu local en fermant les yeux sur le débat national. Je pourrais même me désolidariser des « dirigeants d'en haut », « ces Parisiens hors-sol », « déconnectés du réel », ce qui me vaudrait localement un succès d'estime un peu honteux, mais assuré.

Si je m'y refuse, c'est parce qu'un tel renoncement dans nos territoires ruraux signifierait un renoncement à conquérir le pouvoir pour changer la vie des gens que nous côtoyons au quotidien, qui en ont sans doute le plus besoin et qui n'attendent que cela, désespérément. Sans le savoir, les campagnes ont besoin de la gauche. Et la gauche, pour convaincre les Français, a besoin d'être crédible partout, y compris dans nos campagnes.

À travers ce livre, je veux d'abord mettre des mots sur le fossé que je vois se creuser chaque jour davantage entre la gauche et nos campagnes. Comment est-elle perçue ? Que dit-elle au monde rural ? À quels imaginaires renvoie-t-elle désormais ? Au-delà de l'image qu'elle véhicule, j'entends objectiver le risque réel de disparition de la gauche dans le monde rural, en identifier les raisons telles que je les ressens dans mon engagement d'élu de terrain. Enfin, parce que je suis plus que jamais persuadé que la gauche et la ruralité ont un avenir en commun, je proposerai quelques pistes pour en poser les fondations.

De quoi la gauche est-elle devenue le nom ?

À l'évidence, les valeurs historiques de la gauche – celles de l'égalité, de la justice sociale – ne sont pas en cause, pas plus que ses combats pour le climat, les services publics, la laïcité, l'abolition de toutes les formes de discriminations, la conquête de nouveaux droits, de nouvelles libertés ou la volonté farouche de reprendre notre destin en main. Ils sont plus que jamais attendus, espérés, exigés, comme l'a montré l'émergence des Gilets jaunes.

L'idée ici n'est certainement pas d'opposer une tactique ou stratégie électorale à une autre. Dit plus simplement : le propos n'est ni pro- ni anti-Nouvelle union populaire écologique et sociale (NUPES). J'entends simplement témoigner de la façon dont telle ou telle prise de position, comportement ou action militante peut abîmer l'image de l'ensemble de la gauche dans un territoire comme le mien qui n'est certes pas représentatif du pays, mais qui peut en révéler certains affects ou ressorts.

Nous sommes regardés

Il est temps de tordre le cou à quelques croyances infondées ou dépassées. Il est faux ou illusoire d'imaginer que ce qui est dit sur les réseaux sociaux n'intéresse qu'un petit monde d'initiés, des *happy few* qui passent leur journée à scroller sur « X ». Hélas, contrairement à ce qu'on pourrait croire ou espérer, ces polémiques ne se limitent pas au petit monde des réseaux sociaux. Elles sont de plus en plus souvent reprises dans la presse quotidienne régionale, alimentant autant les discussions de bistrot que la page des sports, à la différence près que si les débats sportifs peuvent s'enflammer, l'actualité politique fait vite consensus : « Ils sont tous plus lamentables les uns que les autres. »

Mais cela va plus loin encore. Depuis que je suis élu, j'ai pris l'habitude de me réserver du temps pour effectuer des porte-à-porte dans mon canton de Puy-l'Évêque dans le Lot, une façon de rencontrer d'autres habitants que ceux qu'on a l'habitude de croiser lors des inaugurations, dans le monde associatif, sportif ou culturel, ou tout simplement au bistrot.

Au fil des ouvertures de portails, j'ai découvert un autre vecteur désormais universel de ces polémiques : les chaînes d'infos en continu. Je suis régulièrement frappé par l'efficacité redoutable de ce duo : *La Dépêche du Midi* posée sur le buffet de la cuisine et la chaîne d'infos qui tourne à toute heure de la journée au milieu du salon. Contrairement aux journaux télévisés de référence à 13 heures ou 20 heures, les chaînes d'infos se nourrissent en permanence de ces polémiques quand elles ne les entretiennent pas. Toutes les querelles qui minent le débat démocratique et singulièrement la gauche reviennent aux yeux et aux oreilles des habitants au fin fond de nos campagnes, y compris et je dirais même surtout chez des personnes que l'on pourrait penser isolées, coupées du monde, pour qui ces informations en continu sont une compagnie de chaque instant. Quand bien même nous entamons la discussion, la télé tourne et diffuse son flot d'images, pas toujours reluisantes pour la politique et la gauche en particulier.

C'est bien tout ce contexte qu'il convient d'avoir en tête pour mesurer l'impact que peuvent avoir partout dans le pays des provocations et des postures en quelques pressions de pouce sur un smartphone. Nous sommes regardés, nous sommes écoutés. On ne s'en prend pas au barbecue impunément ! Autant le dire tout de suite, aucune des provocations venant de la gauche n'a fait gagner la moindre voix à ses auteurs. Elle en a, en revanche, fait sûrement perdre à l'ensemble de la gauche.

Là encore, il faut en finir avec l'illusion que les sempiternelles querelles de chapelles puissent profiter à l'une ou à l'autre. Depuis l'affaissement de la plupart des candidats de gauche au profit de Jean-luc Mélenchon et singulièrement depuis la création de la NUPES, la gauche est perçue comme un tout, pour le meilleur comme pour le pire. Lorsque Jérôme Guedj démontre avec brio les mensonges ou incompétences du gouvernement sur la réforme des retraites, toute la gauche en profite. Lorsque Jean-Luc Mélenchon assume que « la police tue », lorsque Aymeric Caron entend interdire toute forme élevage, lorsque Sandrine Rousseau s'en prend au barbecue, aux éleveurs coupables des incendies à travers le monde, ou lorsqu'elle fait l'éloge de la paresse, c'est aussi l'ensemble de la gauche qui est assimilée à ces propos. Sur le terrain, qui trinque ? Pas Sandrine Rousseau, élue de Paris, pas Aymeric Caron, élu de Paris, certainement pas Jean-Luc Mélenchon, qui n'est même plus élu. C'est nous, dans nos campagnes.

Pendant ce temps, qui donne l'impression de comprendre la vie rurale, sa réalité et ses difficultés, de défendre la façon de vivre de ceux qui n'y passent pas que trois semaines en été, mais aussi l'automne et l'hiver ? Qui donne l'impression de défendre ceux qui bossent ? De remettre de l'ordre dans ce bazar ? À l'échelle nationale, c'est le Rassemblement national (RN). Leurs électeurs les plus récents ne se font pas d'illusion pour autant, peu d'entre eux pensent sérieusement qu'ils seront une solution à leurs problèmes. « Mais au moins, ça leur mettra un coup de pied au cul et ça remettra un peu d'ordre. » Et comme Marine Le Pen ne parle plus de sortir de l'euro, la peur de la catastrophe économique s'éloigne.

Pourquoi ne croient-ils plus en la gauche ? Pourquoi sont-ils aussi nombreux à trouver le bulletin Mélenchon plus effrayant que le bulletin Le Pen ? En somme, de quoi la gauche est-elle devenue le nom et le camp ?

Le camp du bazar

Si un sondeur s'aventurait à mener dans un territoire comme le mien une étude qualitative sur l'image de la gauche, le nuage de mots correspondant ferait très certainement apparaître en gros l'idée de bordel, de bazar, ou dit plus poliment de désordre. Les causes en sont multiples, allant de prises de position générales aux comportements individuels. Dans des territoires qui ne subissent ni bavures policières, ni contrôles au faciès, où les gendarmes vivent parmi nous et sont connus de tous, où les forces de l'ordre sont avant tout considérées comme fondamentales pour faire respecter la sécurité de tous et les lois de la République, l'idée que « la police tue » est perçue au mieux comme injuste, au pire comme dangereuse. Revient alors le récurrent « c'est déjà assez compliqué comme ça, quand on voit tout ce qui se passe. Un jour, ça finira par arriver jusqu'ici », nourri par des tragédies fortement médiatisées comme le meurtre du jeune Thomas à Crépol, village de 500 habitants. Il ne faut pas négliger non plus le fait que les images d'émeutes urbaines peuvent nourrir l'inquiétude de nombreux parents ou grands-parents d'enfants partis faire leurs études « à la ville ».

Ne croyons pas non plus que les polémiques récentes au sujet des abayas à l'école ou à propos du conflit au Proche-Orient n'aient aucun impact en milieu rural. Même si aucun de mes voisins n'a croisé d'abaya et si peu d'entre eux sont des spécialistes des accords d'Oslo ou des rivalités entre le Hamas et le Fatah, les ambiguïtés avec l'antisémitisme comme les prises de position aussi isolées que clivantes d'une partie de La France insoumise (LFI) et de Jean-Luc Mélenchon en particulier jouent le rôle de repoussoir universel.

Cette idée de bordel ou de désordre trouve une autre source chez une frange activiste radicale du militantisme écologiste. Alors même que les habitants des territoires ruraux sont les premières victimes du changement climatique, notamment au travers de ses conséquences sur l'agriculture, la disponibilité de la ressource en eau ou les inondations, ils sont en grande partie choqués par certaines formes radicales que prend ce militantisme. Bien que l'utilisation des méga-bassines, du périphérique parisien ou la visite des grands musées mondiaux leur soient pour la plupart étrangères, ils ne comprennent pas que les meilleures idées du monde puissent conduire à des dégradations de biens privés, publics, d'œuvres d'art, ou flinguent le quotidien de simples travailleurs allant au boulot. Imaginez donc leur réaction lorsque ces dégradations touchent leurs semblables, à savoir des agriculteurs accusés de détruire à eux seuls la planète. Loin de les rallier ou simplement de les sensibiliser à la cause écologique, ces actions les heurtent et renforcent l'idée d'une gauche « qui va trop loin », ne respecte pas les autres et surtout en qui on ne peut pas avoir confiance. « Un jour ils s'en prendront forcément à nous aussi. »

Quant aux comportements individuels, du tristement célèbre « la République, c'est moi » jusqu'au ballon de football à l'effigie d'un ministre en passant par de multiples provocations, obstructions, y compris hurlements dans l'enceinte nationale, ils donnent à voir un chahut aussi pathétique que nombriliste de la part de représentants de la Nation qui semblent bien s'amuser pendant qu'eux galèrent sans moufter.

Le camp des bobos des métropoles

Certains pensent que « la gauche parle une langue morte ». Bien au contraire. La gauche parle une langue bien vivante, mais celle des villes, des métropoles ou pour le dire autrement des centres-villes piétons. Au-delà de l'homogénéité du vocabulaire, des accents (ou plutôt de leur absence), des expressions ou tics de langages urbains, les représentants « médiatiques » de la gauche mènent des combats à géométrie très variable.

Prenons l'exemple des déplacements du quotidien. Je suis tous les jours ou presque frappé par la place prise par les transports franciliens dans le débat politique, qu'il s'agisse des trottinettes en libre-service, de la place donnée à la circulation des vélos, d'une panne de quelques heures sur la ligne 4 du métro ou de l'augmentation du prix du ticket de métro pendant les Jeux olympiques. On en cause, on s'écharpe. Pendant ce temps, le prix du carburant explose. Depuis deux ans, il augmente sans discontinuer. Chez nous, aller travailler coûte cher. Reprendre un travail dans un rayon de plus de quelques kilomètres coûte cher. Rendre visite à ses parents isolés coûte cher. Amener ses enfants à leurs activités coûte cher. Animer une association sportive ou culturelle coûte cher. Tout déplacement revient cher, trop cher. Où est la gauche, que dit-elle, paralysée par la trouille de devoir défendre un modèle de déplacement polluant et pourtant bien contraint ? Imaginez pendant ce temps la réaction de ces millions de Français qui voient à la télé la gauche en première ligne pour débattre des vélos, trottinettes ou autres prix du ticket de métro, quand ce n'est pas de la saleté des rues parisiennes ou des éternels débats entre pro- et anti-NUPES. On ne vit pas dans le même monde.

Autre exemple qui rend fou tout élu des territoires dits « périphériques » : les déserts médicaux. Pendant des mois, des années, ce sujet a été oublié, absent des combats de la gauche au pouvoir comme dans l'opposition. Pour l'élu du Lot que je suis, c'est LE sujet numéro un, l'angoisse qui passe avant toutes les autres : si ça va mal, est-ce que je pourrais encore consulter un médecin ? S'il arrive un problème à mes vieux parents, seront-ils pris en charge ? Est-ce vraiment raisonnable de nous installer ici si nous prenons un risque pour la santé de nos enfants en bas âge ? Sur ces angoisses vitales au quotidien, rien ou presque n'a été dit ou fait de consistant par la gauche pendant des années.

Je pourrais ainsi multiplier les exemples de cette déconnexion. Les causes en sont sûrement nombreuses. Les médias eux-mêmes portent une responsabilité des sujets traités ou débattus. Les partis politiques par commodité désignent des porte-paroles parisiens ou en banlieue proche. Le non-cumul des mandats, vertueux dans son principe, a créé, qu'on le veuille ou non, une forme de cassure entre élus nationaux et élus de terrain, alors même que, pendant des années, la force de la gauche consistait précisément à être irriguée par le travail de ses élus locaux qui assumaient des mandats ou responsabilités nationales.

Le camp des donneurs de leçons et d'interdits

Les générations de gauche qui nous ont précédés ont eu à combattre le parti de la morale incarné alors par la droite. Une morale catholique et familiale qui a encore fait descendre dans la rue des millions de Français pour protester contre le mariage et l'adoption pour tous. Une morale de rigueur économique qui faisait chaque jour la leçon à une gauche incapable de diriger une économie, de gérer l'argent public autrement qu'en creusant la dette et en augmentant les impôts. Mai 68 est né, entre autres, d'une forme de rage contre l'accumulation d'interdits qui bridaient les libertés, la création et le plaisir.

La gauche n'a eu de cesse de défier ce carcan permanent des donneurs de leçons de droite jusqu'à prouver une fois arrivée au pouvoir qu'elle était tout aussi compétente, voire davantage, en matière économique et que les nouveaux droits et libertés qu'elle rendait possibles étaient nécessaires, si bien qu'ils n'ont jamais été remis en cause par la suite. Cette lutte et les conquêtes obtenues ont rendu la gauche populaire, perçue comme proche des préoccupations des gens les plus en difficulté.

Cette conviction prédomine encore dans les centres-villes et les quartiers populaires, mais elle tend à disparaître dans de nombreux territoires ruraux. Aujourd'hui, ce n'est ni la droite et encore moins l'extrême droite qui sont vues comme des donneurs de leçons, des multiplicateurs d'interdits. C'est, hélas, la gauche.

À la différence des générations qui l'ont précédée, la gauche actuelle a pour impératif de défendre un changement de modèle de développement. À son crédit, elle fut longtemps seule à le faire. Mais elle gâche tout par ces provocations et en devient exaspérante. Au-delà des modalités d'action de certains de ses activistes évoquées plus haut, elle fait régulièrement le choix de la provocation pour mettre ses propositions à l'agenda médiatique. Quand elle prend pour cible les plus fortunés, comme les utilisateurs de jets privés, elle ne dérange pas grand-monde dans nos campagnes, à ceci près que nous entrons déjà dans la rhétorique de l'interdit.

Cela se complique déjà lorsqu'on limite ou rend payant l'accès aux métropoles en voiture sans autre solution possible. Cela devient carrément insupportable lorsque l'on suggère de taxer davantage le carburant déjà hors de prix pour « favoriser les mobilités alternatives ». Lesquelles, quand on vit dans de petites communes rurales ?

Passons au plat de résistance : la viande et à travers elle le modèle agricole, le monde agricole et rural en général. Par conviction ou par manque de pouvoir d'achat, chacun a bien conscience que notre consommation de viande va diminuer. De la même façon que chacun voit bien, y compris et surtout les agriculteurs eux-mêmes, que le modèle agricole productiviste issu du lendemain de la Seconde Guerre mondiale n'est plus viable, qu'une révolution agroécologique est indispensable pour la santé de nos sols, des humains et de la biodiversité.

Au lieu de se placer en soutien, en accompagnement du monde agricole dans cette transition si complexe et coûteuse, elle le met en permanence sur le banc des accusés ! Elle donne l'impression de lui faire la leçon, de lui expliquer en quoi il a tout faux sur tout : sur l'élevage, la façon de produire à coups d'interdits divers et variés, au mépris le plus souvent d'autres solutions possibles pour les agriculteurs. Ce discours est d'une violence sans nom pour des millions de personnes : pour les agriculteurs eux-mêmes, mais aussi leurs familles, leurs amis, leurs voisins. Il faut imaginer la violence qui peut être ressentie lorsque Sandrine Rousseau affirme que l'origine des incendies gigantesques du début de l'été 2023 est liée aux éleveurs. On les traite de criminels, ni plus ni moins, qu'ils soient salariés d'un abattoir, éleveurs d'agneaux sur les Causses du Lot ou de vaches laitières en alpages.

Ce discours est perçu de façon d'autant plus violente et injuste dans le monde agricole qu'il provient en général d'une partie de la gauche qui ne s'est jamais beaucoup intéressée à lui jusque-là, avec le sentiment d'être un punching-ball médiatiquement utile.

Enfin, la gauche a touché directement à des symboles importants pour des familles rurales modestes. Lorsqu'on pointe du doigt la pratique du barbecue, on s'attaque à un plaisir simple de la vie, qu'on partage en famille, entre amis à moindres frais. Pourquoi faire de cette pratique populaire un objet politique, médiatique et polémique ?

Au fond, tout se passe comme si la gauche ne mobilisait plus que des affects négatifs, ce qui désespère le sociologue Bruno Latour : « Pour le moment, l'écologie politique réussit l'exploit de paniquer les esprits tout en les faisant bâiller d'ennui[1]. » Le philosophe Michaël Foessel va plus loin dans *Quartier rouge*[2] où il critique ce tournant moral par un ascétisme de gauche, comme si la gauche confondait sobriété et austérité, comme si l'adaptation de nos envies à la contrainte environnementale se résumait à une addition de frustrations.

Ce ressort moral permanent de la culpabilité individuelle ne dessinera jamais d'horizon collectif désirable. Il condamnera la gauche à une caricature d'elle-même faite de bobos donneurs de leçons et multiplicateurs d'interdits. L'urgence climatique ne doit pas

1. Bruno Latour et Nikolaj Schultz, *Mémo sur la nouvelle classe écologique*, Paris, La Découverte, coll. « Les empêcheurs de tourner en rond », 2022.
2. Michaël Foessel, *Quartier rouge. Le plaisir et la gauche*, Paris, Presses universitaires de France, 2022.

réduire la gauche à une posture morale qui est une forme de paresse intellectuelle. Elle nous oblige en revanche à proposer les contours d'une société où le bonheur, le plaisir et la fête s'imaginent différemment. Si l'on renonce à cette exigence, qui donnera le sentiment de défendre ces plaisirs, ces petites libertés du quotidien menacées par les leçons et diktats de la gauche ? Le RN.

Le camp de la paresse

La gauche a toujours eu dans son histoire un rapport complexe au travail. Défenseure du prolétariat, elle l'a toujours valorisé, exigeant qu'il soit mieux rémunéré et encadré. Partisane de l'émancipation individuelle, elle s'est toujours battue pour que chaque ouvrier ou salarié échappe à la servitude liée au travail en favorisant le temps libéré par le droit à la retraite, aux congés payés ou par la réduction du temps de travail notamment.

La droite a toujours eu beau jeu de critiquer « la gauche des 35 heures », qui aurait contribué à dévaloriser le travail et à « changer les mentalités ». Sauf que le niveau de chômage restant à des niveaux élevés, l'idée d'un partage du temps de travail gardait sa légitimité et sa force politique.

La donne a changé aujourd'hui. Le chômage a progressivement diminué au prix entre autres d'une précarisation massive du travail.

Mais la réalité est là, têtue : dans nombre de nos campagnes et au-delà, « on ne trouve plus personne pour bosser ». La faute aux éternelles 35 heures, bien sûr, mais surtout « à tous ces jeunes qui ne veulent plus bosser, qui gagnent davantage à vivre des allocs et à ne rien faire, à jouer à la console à la maison ». On suspecte son voisin, on a toujours une anecdote à raconter sur tel ou tel qui resquille pendant qu'on bosse. On connaît ce refrain de l'assistanat par cœur depuis des années. Sauf qu'il nous faut bien y répondre et comme l'a montré avec beaucoup de justesse François Ruffin[1], il est très difficile pour ne pas dire impossible de lui tordre le cou.

Dans nos territoires ruraux, le sujet revient désormais sans cesse, car la pénurie généralisée de main-d'œuvre menace la vie même de nos villages. Ce ne sont pas simplement les métiers de l'hôtellerie et de la restauration qui sont en question, mais tous les secteurs aujourd'hui. Ainsi, nombreux sont les candidats qui ne se retrouvent pas dans l'organisation du travail traditionnelle qui leur est proposée. Autrefois, on rêvait d'un CDI ou d'un bon « plaçou[2] » dans une collectivité. Ce temps-là est révolu.

1. François Ruffin, *Je vous écris du front de la Somme*, Paris, Les Liens qui libèrent, 2022.
2. Postes obtenus par l'entregent d'un ami, généralement un poste de planqué.

Interrogé récemment[1], le PDG de Manpower, Jonas Prising, estime que le télétravail a créé une grande inégalité dans la société entre les salariés qui peuvent en bénéficier et les autres, alors que tous aspirent à une conciliation différente entre vie professionnelle et vie familiale. Mon intuition est que ceux qui n'en ont pas la possibilité se créent à leur façon des respirations nouvelles, une forme de réduction du temps de travail à leur façon. Le CDI n'a plus la côte auprès d'eux. Ils privilégient souvent le fait d'alterner des périodes de travail et de non-travail (qui ne sont pas forcément des temps d'inactivité) à travers des CDD espacés.

De leur côté, les employeurs sont désarçonnés devant le refus des candidats alors que les conditions de travail qu'ils offrent sont à leurs yeux plus attractives et confortables que jamais ! C'est toute une réflexion sur la place du travail et de son organisation que la gauche doit aujourd'hui mener.

Il faut bien prendre conscience que cette tendance est particulièrement angoissante dans nos campagnes. Je comprends que ce soit plus difficilement perceptible dans des métropoles comme Paris. Je suis toujours frappé d'observer qu'on y sert sans problème des burgers à minuit sur les grands boulevards. Dans

1. Interview dans *La Tribune* du dimanche du 5 novembre 2023.

ces cités-monde où les jeunes actifs sont nombreux et l'immigration importante, la demande de travail y est de fait constante. Un autre monde vu de nos campagnes.

Dans ce contexte, toute déclaration ou proposition dévalorisant la notion de travail devient explosive. À ce titre, quand Sandrine Rousseau affirme que « la valeur travail est une valeur de droite », elle renforce un préjugé terrible qu'ont désormais un grand nombre de travailleurs à l'égard de la gauche. La revendication lunaire d'un « droit à la paresse » fut pire encore, assimilant de fait la gauche au « camp de l'assistanat, tous ces branleurs qui veulent la mort du système », en l'occurrence de leurs villages. Je pense comme François Ruffin que sans réponse claire de la gauche, cet enjeu restera un puissant carburant au vote RN, qu'il est même le principal levier qui peut lui permettre d'atteindre un jour une majorité des suffrages. À ce titre, la proposition défendue par la NUPES d'une allocation autonomie permettant à quiconque, qu'il travaille ou pas du tout, de parvenir à un revenu mensuel de 1 100 euros est perçue comme une remise en cause directe du travail, de sa reconnaissance. Autre sujet sensible : la réduction du temps de travail. Je suis bien sûr favorable à une réflexion sur la semaine de quatre jours, mais aborder la question du travail en en annonçant sa diminution est pris comme une provocation pour n'importe quel petit commerçant, artisan ou patron de TPE qui, dans sa campagne, vit chaque jour avec la frustration de voir son carnet de commandes plein alors que les effectifs manquent à l'appel.

Le risque de disparition de la gauche rurale est bien réel

Ce sentiment de recul politique, voire culturel, de la gauche au sens d'Antonio Gramsci dans les campagnes ne serait pas alarmant s'il n'était qu'un ressenti passager, décorrélé de profondes mutations politiques à l'œuvre. Hélas, de l'affaissement national du Parti socialiste à la dépolitisation de ses élus locaux en passant par l'assèchement du vote de gauche dans les campagnes au profit du RN, tous les signaux sont au rouge.

Le déclin progressif du Parti communiste comme du Parti radical de gauche et l'hégémonie à gauche du Parti socialiste entre 1981 et 2012 ont fait de ce dernier le principal parti politique de gauche présent dans l'ensemble du monde rural, y compris dans la plupart de ses collectivités. Sa victoire au Sénat en 2011 fut à la fois le symbole et l'apogée de son emprise électorale dans les campagnes.

Les causes de son déclin brutal observé depuis une dizaine d'années, en particulier lors des déroutes aux élections présidentielles de 2017 et 2022 sont bien sûr multiples. Il est néanmoins frappant d'observer la déconnexion qui s'est produite entre ses candidats successifs à l'élection présidentielle et le monde rural. Disons-le simplement : le Parti socialiste a disparu des radars. Ce constat ne mériterait pas qu'on s'y arrête si d'autres partis de gauche comme LFI ou Europe-Écologie-Les Verts (EELV) lui avaient pris la place, comme lui-même l'avait fait avec le PCF et le PRG. Or je partage avec beaucoup d'élus ruraux le sentiment qu'il laisse place au vide à gauche. Pire, que son retrait profite finalement à la droite et au RN. Pour comprendre le déclin de la gauche dans le monde rural, il faut donc commencer par « autopsier le cadavre Parti socialiste[1] » à travers les deux échecs présidentiels de 2017 et 2022 dans le monde rural.

Le Parti socialiste en chute libre : un ancrage local inopérant pour l'élection présidentielle

La campagne rurale de Benoît Hamon et Anne Hidalgo n'a pas eu lieu

En 2022, le Parti socialiste connaît son plus faible score dans l'histoire de la Ve République. Seul parti de gauche réellement implanté dans toutes les zones rurales, il y réalise des scores

1. Olivier Pérou, *Autopsie du cadavre*, Paris, Fayard, 2022.

anecdotiques. Cet affaissement est en réalité palpable dès 2017. Benoît Hamon mène une campagne originale, « upgradant » le logiciel socialiste, en y incorporant des idées et préoccupations nouvelles qui susciteront la curiosité et l'intérêt, comme la question des perturbateurs endocriniens, les enjeux liés à la robotisation et bien sûr le revenu universel.

Ce dernier point sera à l'origine d'un malentendu, voire d'un début de divorce, entre la gauche et une partie des classes populaires rurales. Il est compris comme l'idée de verser un revenu indifféremment à une personne en activité ou non de sorte que chacun a le pouvoir de décider de travailler ou pas. Ce concept aux déclinaisons diverses, mis en avant par des penseurs de gauche comme libéraux, ouvre une réflexion nouvelle, stimulante aux yeux de beaucoup de militants et sympathisants. Il se révèle pourtant désastreux auprès de classes populaires, en particulier rurales, pour qui travailler et ne pas travailler, ça n'est pas la même chose ; pour qui seul le travail mérite rémunération et pour qui le fait d'encourager les gens « à la glande » est une catastrophe en matière de valeurs, mais aussi et surtout pour faire fonctionner des entreprises, commerces, etc. Je perçois alors un décalage abyssal entre mes amis militants des centres-villes des métropoles qui arborent fièrement aux sorties des métros ce nouveau progrès social, voire « civilisationnel », et ceux qui chez nous ne pensent même pas une seconde aborder le sujet en présence d'un agriculteur, d'un commerçant, d'un artisan, d'un ouvrier ou d'un employé. Autant dire qu'on n'en parle qu'entre militants ! Le revenu universel était l'ancêtre du « droit à la paresse » en quelque sorte.

Entre Anne Hidalgo et le monde rural, l'histoire est mal embarquée dès le départ. Comment le monde rural peut-il spontanément se reconnaître dans une candidate issue des métropoles, a fortiori la première d'entre elles, capitale qui concentre tant d'attention médiatique, de richesses et de services publics qui font défaut dans nos campagnes ? Comment peut-elle comprendre notre quotidien, nos galères, nos colères et nos attentes ?

Anne Hidalgo bénéficie néanmoins de l'image porteuse d'une maire écolo courageuse, capable de prendre des risques politiques pour faire de Paris une ville durable. Mais tous ces attributs positifs aux yeux des « bobos » des métropoles se retournent instantanément contre elle dans une grande partie du monde rural. De façon souvent injuste d'ailleurs, ce courage est perçu avant tout comme une capacité certaine à « emmerder le monde », à savoir ceux qui, comme les ruraux, ont besoin de leur voiture pour aller bosser. L'autorité – autre attribut pourtant positif porté à son crédit – se retourne là encore contre la candidate puisqu'elle est utilisée contre les automobilistes, autrement dit des gens auxquels ils s'identifient bien plus volontiers que l'usager quotidien des pistes cyclables à Paris.

L'équipe de France des maires a déclaré forfait

L'élection présidentielle de 2022 intervient dans la foulée de deux années marquées par une activité militante intense en milieu rural en dépit du Covid-19 : les municipales de 2020 puis les départementales et régionales de 2021. Les élections municipales sont un scrutin toujours suivi de près dans les villages où ce ne sont pas simplement des candidats qui se présentent, mais des amis ou des membres de sa famille et où les enjeux sont concrets dans le quotidien. Un an plus tard, les électeurs se retrouvent pour un double scrutin départemental et régional. En milieu rural, on a souvent vu le président de région dans les journaux, mais ce sont les conseillers départementaux qu'on retrouve aux inaugurations, sur le marché ou au bord du terrain de foot ou de rugby. On a leur numéro de portable, on sait qu'on peut les appeler en cas de besoin, c'est un relais de proximité efficace. Comme pour un candidat à la mairie, on va plus facilement se mobiliser pour lui donner un coup de main dans la campagne, au moins en en parlant au café ou en famille. Au printemps, la bataille fait rage dans les allées des marchés ou autres vide-greniers. On y déploie l'attirail militant, on sert le café.

Les élus et les militants de gauche s'engagent avec enthousiasme pour ces échéances locales. Quelques mois plus tard, lors de la bataille présidentielle, on ne les retrouvera pas. La campagne pour l'élection la plus importante dans nos institutions s'est faite sans eux.

Au début de sa campagne, Anne Hidalgo a pourtant une intuition politique intéressante en se présentant comme la capitaine d'une « équipe de France des maires ». Une façon plutôt habile de mettre en valeur son propre mandat de maire tout en mobilisant des élus partout en France. Force est de constater que cette équipe a déclaré forfait. Dès le mois de décembre, les élus locaux n'y croient plus. Les sondages sont alarmants, la campagne ne décolle pas, la gauche est empêtrée dans un débat aussi interminable que nombriliste sur la question d'une primaire de dernière minute, bref, rien ne va. Disons-le, la candidate est abandonnée en rase campagne. Les candidats aux élections législatives se font discrets pour ne pas être assimilés à une candidature perdante.

Plus étonnante est l'indifférence des élus locaux, en particulier ceux qui ont participé aux scrutins locaux précédents et qui n'ont aucune échéance avant quatre ans. Comment expliquer cela ? Au-delà du pessimisme global qui règne à gauche, la première mesure choc annoncée dès l'automne va rapidement plomber la campagne, vitrifiant tous les préjugés évoqués précédemment d'une candidate qui ne comprend pas leurs problèmes, qui est à côté de « la vraie vie ». L'annonce du doublement du salaire des professeurs produit immédiatement deux réactions négatives : elle est d'abord perçue comme démagogique, affaiblissant d'entrée la crédibilité de la candidate. Mais surtout, elle entraîne un inévitable « pourquoi eux et pas nous ? ». Eux, c'est-à-dire des fonctionnaires certes respectés, mais qui ont un salaire stable qui tombe à la fin du mois, l'emploi à vie et qui n'ont pas de souci avec la banque. Nous, c'est-à-dire pour beaucoup des agriculteurs, artisans, commerçants, employés, ouvriers de petites structures, bref des classes populaires qui ne savent pas toujours de quoi leur avenir sera fait, le mois qui suit. En résumé, la candidate Parti socialiste veut bien prendre des mesures radicales, mais pour aider ceux qui n'en ont pas le plus besoin.

Comme pour le revenu universel cinq ans auparavant, la principale mesure mise en avant par la candidate du Parti socialiste est contre-productive dans le monde rural et provoque un malaise parmi les élus et militants locaux qui n'osent pas se l'approprier en dépit de leur profond attachement à l'école de la République. Dans des territoires où on se bat pour ne pas fermer des écoles, la priorité n'est pas là. Dans les discussions entre élus de différents territoires, la gêne est palpable, on se trouve des excuses, on dit que les gens n'ont pas la tête à la campagne, que la division de la gauche nous rend inaudibles. Rien de cela n'est totalement faux, mais en réalité, on ne trouve aucune idée forte à relayer dans les campagnes, on ne se retrouve pas dans les combats portés.

Ce ne sont pourtant pas les enjeux qui manquent pour mener une campagne de gauche forte dans nos territoires. L'exemple des déserts médicaux est à ce titre éclairant. En janvier 2022, je prends l'initiative d'écrire une tribune en soutien à la proposition de loi du député Parti socialiste Guillaume Garot sur la régulation de l'installation des médecins. Le sujet est brûlant dans le Lot comme dans de nombreuses campagnes. L'attente est immense et l'enjeu désespérément absent du débat présidentiel. Le temps presse, je n'ai que quelques jours pour proposer à des élus locaux de le signer avec moi. Sans recours aux partis, par un simple bouche-à-oreille et des contacts pris via les réseaux sociaux, plusieurs centaines d'élus ruraux, périurbains et des outre-mer répondent à l'appel. Avec quelques semaines de plus, nous aurions été plusieurs milliers. Une fois publiée dans *Libération*, j'envoie la tribune aux équipes de campagne présidentielles et invite Guillaume Garot à débattre du sujet avec les élus d'un village puis en réunion publique à Cahors. Les salles sont pleines, l'accueil enthousiaste. Militants, élus locaux ou simples citoyens s'engagent à travers une pétition lancée localement. Ce n'est plus un signal faible, c'est une alerte rouge. Je réitère ma demande, fais remonter les messages au niveau national, en vain. En dépit de quelques timides propositions, la gauche, tous candidats confondus, passe totalement à côté d'une des préoccupations majeures d'une grande partie des électeurs et des élus ruraux.

Ceux-ci lui rendront bien. Les fils Facebook des élus remplis quotidiennement un an auparavant de photos prises sur les marchés un tract à la main font l'impasse sur la candidate. Dans la ruralité, la campagne d'Anne Hidalgo n'a pas eu lieu. Comme en 2017, personne n'y a cru. Un espoir demeure encore pour 2027, mais comment et par où commencer ?

La gauche « renaîtra par les territoires ». Ou pas

Après la défaite de Lionel Jospin en 2002, le Parti socialiste encore hégémonique à gauche s'était redressé à travers des succès historiques en 2004 aux élections européennes (29 %) et surtout régionales (40 % au premier tour et 20 régions gagnées sur 22). L'une des figures de ces victoires, Ségolène Royal (présidente de la région Poitou-Charentes), s'était appuyée sur cette dynamique locale pour nourrir une ambition nationale et réaliser un score auquel n'osent plus rêver depuis longtemps les candidats de gauche (près de 26 % au premier tour, 47 % au second).

De la même façon, la victoire de François Hollande en 2012 se construit sur la dynamique des victoires de 2008 aux municipales (49 % au deuxième tour) et cantonales (9 nouveaux départements) puis des régionales de 2010 aux allures de grand chelem (21 régions sur 22 en métropole, 54 % au deuxième tour) et enfin aux cantonales de 2011, atteignant 60 départements. Toutes ces victoires ont permis dans un premier temps la victoire historique au Sénat puis ont mis sur orbite présidentielle le président du conseil général de Corrèze. Notons que dans le cas de Ségolène Royal comme de celui de François Hollande, il s'agit à chaque fois d'élus de territoires ruraux.

Si l'implantation locale de la gauche en 2024 est loin d'être comparable à celle de 2007 ou de 2012, elle reste néanmoins solide avec un tiers des communes de plus de 3500 habitants, 27 conseils départementaux sur 95 et 8 régions sur 15. Alors comme une vieille tradition, presqu'un réflexe, lorsque des élus locaux de gauche se retrouvent entre eux, même s'ils déplorent une « gauche qui est au plus mal », critiquent un « national déconnecté », ils gardent espoir : « de toute façon ça repartira d'ici, par les territoires », comme une lumière au bout d'un long tunnel. Je crains qu'ils attendent longtemps.

J'ai cru un temps moi aussi à ce mirage, certain que la somme des collectivités détenues par la gauche constituait à elle seule un socle suffisant pour construire l'alternance à venir, convaincu aussi que les talents qui s'y trouvent deviendraient naturellement les leaders nationaux de demain, persuadé enfin qu'ils profiteraient forcément un jour ou l'autre de ce fameux espace politique entre l'extrême centre et l'extrême gauche, propice au retour prochain de la gauche aux responsabilités. J'en suis revenu.

Leader charismatique vs. ancrage local: la bataille des pyramides inversées

Pour la première fois, à l'exception du général de Gaulle, les Français ont élu en 2017 et 2022 un président de la République qui n'avait jamais exercé de mandat local. Marine Le Pen et lui ont fait la démonstration qu'on peut être présents deux fois au second tour avec des partis dépourvus de tout ancrage local ou presque. Le constat est le même à gauche. Jean-Luc Mélenchon n'a jamais bénéficié d'un ancrage local plus enviable que le parti présidentiel ou le RN. Or il devance largement ses concurrents socialistes, écologistes et communistes aux élections de 2017 et 2022 sans pour autant s'implanter dans les territoires entre temps. LFI ne dirige, en effet, aucune grande ville, aucun département et aucune région, ce qui ne semble pas lui causer de grandes frustrations ni affaiblir le moins du monde son inusable tribun présidentiel.

On ne mesure pas encore toutes les conséquences de ce moment de bascule qui correspond également à l'entrée massive des réseaux sociaux dans le débat présidentiel. Ce saut dans l'inconnu est vertigineux. Il remet en cause tous les schémas établis de la construction de parcours politiques nationaux fondés au préalable sur un engagement dans un appareil politique, sur la conquête et l'exercice de mandats locaux.

En 2017, à droite comme à gauche, personne n'anticipe un tel bouleversement. Une scène est restée gravée dans ma mémoire. Nous sommes au lendemain de l'élection d'Emmanuel Macron et je suis pour quelques jours encore chef de cabinet de Stéphane Le Foll avant l'annonce du nouveau gouvernement. Ce dernier me demande de réunir un grand nombre de députés candidats à leur propre succession pour dessiner les contours de la campagne législative à venir. Ils sont alors nombreux à partager l'analyse suivante : « Macron a gagné grâce à un incroyable concours de circonstances. Il ne pourra en aucune hypothèse gouverner seul car il ne gagnera qu'une petite minorité de circonscriptions. Les électeurs de gauche, après avoir mis un bulletin Macron pour faire barrage à Marine Le Pen retrouveront leurs habitudes et voteront pour leurs candidats Parti socialiste comme ils l'ont toujours fait. » Les plus convaincus de ce pronostic se trouvent sans surprise parmi les députés issus de circonscriptions classées plus à gauche, mais aussi et surtout chez ceux issus des territoires ruraux. Parce qu'ils sont connus et reconnus, leur ancrage vaut réélection, ils ne feront qu'une bouchée de ces inconnus au bataillon, choisis sur CV ! Ils furent tous, sauf rares exceptions, battus.

Par la suite, on a raillé la pyramide macronienne qui tient par son sommet. Mais à quel moment a-t-on eu le sentiment qu'Emmanuel Macron souffrait de l'absence de relais locaux pour être élu puis réélu ? Au contraire, après avoir dépecé le Parti socialiste, c'est le parti Les Républicains (LR) qui a vu ses positions fondre, y compris dans ses fiefs historiques. L'époque où les ancrages locaux respectifs de la gauche et de la droite permettaient d'amortir les échecs en cas d'alternance semble révolue. Ils ne constituent plus une garantie de résistance pour les députés de gauche, en particulier dans certaines zones rurales où leur notoriété prédominait auparavant. Restent-ils néanmoins des réservoirs ou fabriques à talents capables d'émerger au niveau national ? Cet espoir se heurte au mur qui semble se dresser entre une scène politique nationale et une vie politique locale qui s'inscrivent désormais dans deux mondes mondes parallèles, voire étrangers.

Politique locale et nationale, deux mondes parallèles ?

Le décalage observé aujourd'hui entre élus locaux et nationaux depuis la fin du cumul des mandats et la domination sur un plan national de nouveaux partis déconnectés des mandats locaux (LREM, RN et LFI) me semblent sans précédent et comportent en eux des conséquences plus lourdes pour l'avenir.

Tout se passe comme si ces deux strates fonctionnaient désormais selon des logiques totalement antagonistes. L'idéologie, le combat des valeurs, la joute partisane, le brouhaha, c'est pour le Parlement. Le concret, le pragmatisme, la recherche de l'intérêt général, c'est pour le local. En haut, on cherche à cliver, à mobiliser au maximum son camp, voire sa *fan base*; en bas, on tente de ne pas froisser, de rapprocher les points de vue, de fédérer.

Ce faisant, les partis traditionnels « fabriquent » des élus locaux qui ne correspondent plus aux prérequis de la politique nationale actuelle, des personnalités dont la posture, la conception du débat politique tout autant que les mots qu'ils emploient sont inaudibles dans une arène politique et médiatique où il faut faire court, simple, tranché, voire brutal, pour ne pas dire caricatural.

Au-delà des divergences de fond et de génération, a-t-on vu dans l'histoire de la Ve République plus profond décalage de forme entre deux personnalités telles que Bernard Cazeneuve et Louis Boyard, tous deux se revendiquant de la gauche ? Imagine-t-on l'ancien Premier ministre socialiste appelant à générer une « panique générale » pour se faire entendre ?

Sur le terrain et en particulier en milieu rural, le contraste est de plus en plus frappant entre des débats nationaux surpolitisés, où une polémique chasse l'autre, et une vie politique locale, où les projets mettent du temps à être pensés, financés puis réalisés. Cette déconnexion est frappante, comme si l'action locale n'était plus la déclinaison d'un système partisan de valeurs et de conviction. Qui parle encore d'un socialisme, d'un écologisme municipal ou départemental, hormis peut-être dans quelques grandes métropoles ?

Faute de se sentir représentés par une force politique ou des leaders en résonance avec leur action locale, les élus ruraux s'en remettent à un discours plus neutre où « on ne fait pas de politique », où l'on œuvre avant tout « pour le territoire de façon pragmatique », « attachés à l'intérêt général » ou au « bien commun » pour « apporter des solutions concrètes aux problèmes des gens » et « préparer l'avenir de nos enfants ». Car « ce qui compte avant tout, c'est le vivre-ensemble ».

Cela peut sembler un peu caricatural, mais tous les élus ruraux comme moi s'y reconnaîtront ! Cette posture gagne peu à peu des élus de gauche dans des communes plus importantes, mais aussi des élus départementaux et régionaux. On a le cœur à gauche, mais le verbe plus timide. La dépolitisation gagne les discours les plus banals. Moi-même, il m'arrive de me poser des questions. Il y a un an, lors d'une cérémonie de vœux aux habitants de Duravel, magnifique village de 952 habitants, j'évoque le projet de réforme de départ à la retraite à 65 ans. Mettant l'accent sur les difficultés que connaissent déjà les Français, je préviens que les priver de deux années d'une retraite bien méritée pourrait mettre le feu aux poudres. À vrai dire, je ne prends pas grand risque, la mesure a peu de chances d'être populaire a fortiori dans un territoire comme le mien où on commence à travailler tôt et dur. Les premières victimes de la réforme à venir se trouvent dans l'assistance bien fournie ce jour-là. Une fois les discours terminés, les choses sérieuses commencent, à savoir le « verre de l'amitié ». On se retrouve, on trinque, on rigole, on parle de tout quand une ancienne élue et militante de gauche me prend discrètement par le bras pour me chuchoter à l'oreille: « Je te le dis pour toi, fais attention, tu as fait un discours assez politique. Ça ne va pas plaire à tout le monde. » Interloqué, j'interroge ma « binôme » au conseil départemental Véronique Chassain, elle-même fidèle adhérente au Parti socialiste qui confirme avec un sourire complice: « Moi, j'ai trouvé ça bien, évidemment, mais tu as peut-être pris un petit risque, c'est vrai. » Nul discours révolutionnaire ou partisan pourtant. C'en était déjà un peu trop et je me suis demandé un court instant si je n'avais pas commis une erreur politique.

Ce fossé entre un débat national surpolitisé et une base locale désaffiliée se creuse jour après jour. Il est mortifère pour les uns comme pour les autres. Le non-alignement fragilise d'abord les partis nationaux. Ce qui a longtemps fait la force des partis de gauche, c'est leur capacité à relayer leurs messages au quotidien sur le terrain grâce aux nombreux élus et militants présents dans les associations. C'était un avantage comparatif important, notamment par rapport aux partis dits bourgeois de droite ou d'extrême droite. Aujourd'hui, personne ou presque ne relaie concrètement, au quotidien, dans nos campagnes des positions partisanes, si bien que la gauche ne se fait entendre que par médias interposés, principalement les chaînes d'infos qui relaient des polémiques qui ne la mettent guère en valeur.

À ce jeu-là, il n'y aura que des perdants tôt ou tard, y compris au niveau local. Un candidat à une élection locale détient traditionnellement plusieurs formes de légitimité qui sont autant d'atouts électoraux : le positionnement partisan d'un côté et des attributs personnels de l'autre (réseaux locaux, notoriété sur le territoire, empathie, énergie, charisme, etc.). Aujourd'hui les élus locaux ont plus que jamais tendance à se replier sur ces attributs personnels. On enlève progressivement le poing et la rose des tracts. Élection après élection, difficile de retrouver le rose initial de nos tracts devenus pâles, où « le rose a des reflets bleus ».

Leur contenu se ternit aussi, les valeurs de gauche cèdent la place à des considérations plus liées à l'intérêt du territoire, comme si celles-ci ne servaient pas celui-là, nourrissant ainsi l'espoir de résister à toutes les alternances. Que se passera-t-il lorsque les uns après les autres, ces élus de gauche céderont la place à l'issue de leur carrière politique ? Qui prendra la suite ? Au petit jeu des attributs personnels, la gauche pourrait perdre une à une toutes ses positions locales. Cela a déjà existé : ça s'est appelé le PRG ou le PCF. En milieu rural, le Parti socialiste y va tout droit, avec l'ensemble de la gauche.

Cet affaissement pourrait s'accélérer à mesure que se tarit la base militante, ce réseau si précieux pour faire campagne, mais aussi pour détecter, accueillir et former des futurs candidats et élus. Sans ces milliers de permanents et militants qui donnent de leur temps, comment seront choisis les futurs candidats, a fortiori lorsqu'ils sont dans l'opposition ? De regroupements en fermetures, ces sections autrefois lieux de convivialité et de rencontres s'éloignent du domicile des militants et il devient de plus en plus difficile, voire pénible, de s'y retrouver. À défaut d'intermédiation militante sur le terrain, les chaînes infos et réseaux sociaux font office de formation en continu pour le meilleur ou pour le pire.

Un autre vivier de recrutement militant est pour partie en déclin. L'engagement syndical a longtemps été une source d'enrichissement intellectuel, mais aussi de passerelles militantes avec les partis politiques, y compris en milieu rural. Hélas, la raréfaction des services publics ainsi que la fermeture progressive de sites industriels ruraux ont affaibli la présence et le dynamisme syndical dans nombre de territoires ruraux. En outre, le lien entre le syndicalisme ouvrier et la gauche est remis en cause par l'adhésion de certains responsables syndicaux au RN.

Restent des mobilisations ponctuelles de citoyens engagés contre des projets locaux. Ici un projet de parc photovoltaïque, ailleurs un projet de retenue d'eau ou la création d'un golf, ils peuvent alors être plusieurs dizaines, voire davantage, à se regrouper, donnant lieu à quelques articles dans la presse locale, voire relayés sur le répondeur de « La terre au carré » sur France Inter. Hélas, sans structuration partisane ni débouché politique, ces militants dont la légitimité des combats n'est pas ici remise en cause apparaissent souvent aux yeux des habitants comme des « anti-tout », ce qui au passage ne profite guère à la gauche au moment des élections.

Ce processus de déconnexion entre la vie locale et nationale, cette dépolitisation progressive des discours des élus de gauche au profit d'une « notabilisation » d'une part et de mobilisations éparses et ponctuelles d'autre part conduit progressivement à désarmer la gauche.

En miroir, nombreux sont les électeurs ruraux qui perdent eux aussi leurs repères politiques. On peut voter successivement pour le maire Parti socialiste de la commune « parce qu'il gère bien », pour un conseiller départemental sans étiquette « parce qu'on le connaît depuis longtemps », pour une présidente de Région de gauche « parce qu'elle se bouge et qu'elle se laisse pas faire », pour un député de droite « parce qu'il parle bien à la télé » et pour Marine Le Pen « parce que c'est la seule qui parle de nos problèmes ». Le tout en l'espace de deux ans, sans aucun problème.

Sans force politique entraînante au niveau national et sans force militante localement, la gauche cède du terrain, comme impuissante face à la montée d'une nouvelle alternative : le RN.

Le changement, c'est Marine

Lors d'un récent séminaire interne auquel j'ai eu l'occasion de participer, la Fondation Jean-Jaurès s'interrogeait : « Le RN peut-il encore perdre l'élection présidentielle de 2027 ? » Lorsque l'on vit dans le centre-ville d'une métropole, posée ainsi, la question peut paraître un brin provocatrice. Dans nos campagnes, elle est franchement banale. Ce contraste est saisissant pour quelqu'un qui, comme moi, vit dans un village de 2000 habitants tout en se rendant régulièrement à Paris ou dans le centre-ville toulousain. Voilà des mois que je cherche à en comprendre la raison profonde. J'ai souvent le sentiment que les électeurs issus des centres-villes des métropoles espèrent du politique qu'il les séduise par leurs idées et vision du monde, alors que mes voisins de village attendent avant tout qu'on les respecte, qu'on comprenne leur quotidien et leurs galères, qu'on ait de la considération pour ce qu'ils sont et les besoins qu'ils expriment dans leur vie de tous les jours pour eux, leurs aînés et leurs enfants. Cela ne veut pas dire qu'ils se moquent des idées et du devenir du monde, bien au contraire, mais la compréhension de leur quotidien agit comme un prérequis à l'écoute d'autre chose. Et à ce jeu-là, Marine Le Pen est imbattable. Ni le gouvernement ni l'opposition de gauche ne leur apportent de discours satisfaisant, ni même audible.

S'agissant du gouvernement et du mouvement présidentiel, rien de surprenant après bientôt sept années d'indifférence, voire de mépris, malgré le mouvement des Gilets jaunes, les cahiers de doléances ou encore le conseil national de la refondation. On se moque de nous, ni plus ni moins.

En revanche, la gauche devrait apparaître comme l'alternative populaire naturelle au pouvoir. Pourquoi n'est-elle pas audible ou crédible ? Pourquoi n'est-elle plus attendue par le monde rural, elle qui est tant attachée aux valeurs de justice sociale et territoriale, à la défense des services publics aujourd'hui défaillants dans ces territoires ? Pourquoi de plus en plus d'électeurs ruraux issus de classes populaires se tournent vers « ceux qu'on n'a jamais essayés », le RN ?

2012-2023 : décevante au pouvoir, effrayante dans l'opposition, la gauche a perdu son crédit rural

L'introuvable nostalgie de la gauche au pouvoir

Lorsque je croise des élus de gauche de départements ruraux, j'aime leur demander quelle est selon eux la dernière mesure prise par la gauche qui a amélioré le sort de la ruralité, du moins qui a pu faire écho dans leur territoire. Le silence qui suit est assourdissant.

Les historiens de la gauche diront qu'elle déçoit toujours, qu'elle se déçoit d'ailleurs souvent elle-même[1], parce qu'on place des espoirs souvent excessifs en elle ou que les promesses ne sont pas tenues. Le moins que l'on puisse dire est que le quinquennat de François Hollande n'a pas échappé à la règle, alors même que les espoirs n'étaient pas démesurés et les promesses, in fine, plutôt respectées. Parmi les motifs de déception régulièrement évoqués, reviennent en général la déchéance de nationalité, la loi travail ou encore la politique de l'offre au travers du Crédit d'impôt pour la compétitivité et l'emploi (CICE). D'une part, parce que ces mesures ne figuraient pas dans le

1. Alain Bergounioux et Gérard Grunberg, *L'ambition et le remords*, Paris, Fayard, 2005.

projet du candidat et, d'autre part, parce que beaucoup les jugent contraires aux principes d'une politique de gauche.

Bien réels, ces griefs me reviennent surtout de la part de citoyens assez politisés et/ou issus des quartiers urbains populaires s'agissant de la déchéance de nationalité. Du côté des classes populaires rurales, en particulier des ouvriers et employés, les mécontentements – multi-faces – ont pris leurs sources ailleurs. Je pense en particulier à la fin de la défiscalisation des heures supplémentaires, voté par le président Nicolas Sarkozy. Engagement phare du candidat Hollande, cette mesure était l'une des clés essentielles pour créer des emplois et financer des mesures sociales à venir. Incontestée au sein du gouvernement comme au Parti socialiste, cette décision fut au fil des mois questionnée. D'abord de façon timide, voire un peu honteuse – comment pouvait-on finalement défendre une mesure sarkozyste ? –, les parlementaires furent de plus en plus nombreux à revenir furieux de leurs week-ends en circonscription, à raconter le sentiment de trahison qu'exprimaient des ouvriers ou employés à qui on enlevait une part de pouvoir de vivre et de la considération envers leur travail. Les mêmes qui apparaîtront quelques années plus tard sur les ronds-points. En dépit de ces alertes, cette décision ne fut pas remise en cause, même si la création ultérieure de la prime d'activité en compensa en partie les dégâts. Trop tard, la gauche avait trahi les siens, ceux qui n'ont que le travail pour vivre, pour qui la dignité passe par la plus juste rémunération de leur travail et non l'attribution d'une allocation supplémentaire. Et cela, personne n'a pu l'empêcher, pas même le fameux ancrage local qui avait pourtant envoyé des signaux.

Un soulèvement régional va enfoncer le clou quelques mois plus tard. Le mouvement des « Bonnets rouges » intervenu à la fin de l'année 2013 va cristalliser deux colères bretonnes. La plus aiguë concerne l'écotaxe qui vise à faire payer les autoroutes bretonnes aux poids lourds, mettant ainsi fin à leur gratuité historique. La deuxième est liée à une succession de menaces de fermetures d'abattoirs bretons principalement dans le Finistère (Gad, Doux et Tilly-Sabco). La conjonction de ces deux enjeux va conduire au rassemblement d'ouvriers, patrons et agriculteurs, qui manifesteront violemment pendant plusieurs mois, endommageant, voire détruisant, les fameux portiques autoroutiers. Ce mouvement qui préfigure d'autres conflits à venir entre développement économique et exigences environnementales va mettre le gouvernement en difficulté pendant de très longues semaines d'indécision jusqu'à la suspension de la mesure. Entre-temps, des déclarations malheureuses vont marquer une incompréhension, voire un divorce, entre la gauche et ceux qui vivent de l'agriculture et de l'industrie dans le monde rural. Chacun se souvient de la déclaration du ministre Emmanuel Macron qualifiant à l'Assemblée nationale les ouvriers de Gad d'« illettrés ». On oublie parfois celles de Jean-Luc Mélenchon qui s'en prend alors à des « nigauds », fustigeant les salariés comme étant autant « d'esclaves manifestant pour les droits de leurs maîtres », ajoutant « en ce qui concerne les Bonnets rouges, il n'y a que le bonnet qui est rouge, le reste est très blanc ». Si certains des manifestants étaient encore de gauche au début du mouvement, on peut au moins être certains qu'ils ne l'étaient plus à son terme.

De façon plus générale, la gauche a donné l'impression d'accompagner le cours des choses, de ne pas enrayer le déclassement des territoires ruraux, ce qui lui vaudra de nombreuses défaites aux élections locales. Elle sera passée à côté de la désertification médicale, qui commence alors à prendre des proportions importantes. Elle néglige également le ressentiment voire la colère qui vont monter en matière de transports. Tout au long du quinquennat seront célébrées en grande pompe de nouvelles extensions des lignes à grande vitesse. Fin juillet 2016, on fête l'arrivée de la LGV reliant désormais Paris et Strasbourg en moins de deux heures. Six mois plus tard, on inaugure la LGV jusqu'à Bordeaux, suivie encore quelques mois plus tard de la LGV Paris-Rennes. Toujours présentées comme un grand progrès, ces nouvelles lignes à grande vitesse sont souvent mal perçues dans le monde rural. Ce sont « les trains des riches » ou « les trains pour les vacances » qui se développent pendant que les petites lignes régionales ferment ou que leurs trains du quotidien n'arrivent jamais à l'heure. Tous les habitants vivant sur la verticale Orléans, Vierzon, Châteauroux, La Souterraine, Limoges, Uzerche, Brive, Souillac, Gourdon et Cahors ont en commun un acronyme qui les rend fous : POLT. Cette ligne historique reliant Paris à Toulouse via le Massif central s'est constamment dégradée depuis plusieurs décennies. La presse locale n'en finit plus d'en relater les retards, les nuits passées coincé dans le train quand ce ne sont pas carrément des annulations ou des substitutions par car. Pire, ceux qui l'ont connu aiment à rappeler que son ancêtre « le capitole » mettait près d'une heure de moins pour relier Paris et Toulouse. On peut en dire de même sur d'autres lignes, telles que Paris-Clermont. Cela exaspère les habitants comme moi de ces territoires ruraux qui se retrouvent régulièrement pris au piège de ces avanies. Nous sommes traités comme des citoyens de seconde zone. Un Paris-Cahors peut arrêter sa course à Brive et basculer sur le car « en raison du givre » en plein mois de mai. Et par-dessus le marché, on demande aux collectivités de payer pour pouvoir maintenir des arrêts ? On se moque de nous. Comment ne pas comprendre dans ces conditions le ressentiment que l'on éprouve à chaque inauguration de nouvelle ligne LGV.

Lorsque j'interroge des élus ruraux non pas sur les réussites, mais sur les erreurs commises par la gauche au pouvoir, les réponses fusent nettement plus vite. Il en ressort un fort ressentiment quant aux réformes des collectivités locales et de leur financement. Alors qu'il avait promis pendant sa campagne de ne pas toucher à la dotation globale de fonctionnement (DGF), François Hollande gèlera d'entrée la DGF pour 2013 pour la troisième année consécutive. Pour 2014, c'est carrément la douche froide : –1,5 milliard d'euros ! Pire encore, Manuel Valls annoncera une réduction de 11 milliards d'euros sur les trois dernières années du quinquennat. Pendant cinq ans, pour combler les déficits de fonctionnement de l'État, on a sacrifié la capacité d'investissement des communes, qui, elles, ont leurs comptes à l'équilibre. Là encore, ce sont les communes rurales qui ont été les plus pénalisées par cette mise à la diète. Moins de densité, c'est moins de rentabilité, donc mécaniquement moins d'investissements privés que dans les grandes villes pour compenser le retrait de l'État.

S'agissant des conseils départementaux, dont était pourtant issu le président, ils comprennent très rapidement qu'ils sont tout simplement menacés de suppression. Invité du Congrès des maires en 2013, Jacques Attali annonce la couleur : « Les Départements sont les adversaires des Communes. Vous devez faire front. Vous devez comprendre et faire comprendre qu'il n'y a pas la place dans le long terme pour huit niveaux de collectivités territoriales et que la démocratie passe mieux par les Communes que par les Départements. » Au printemps 2014, lors de son premier discours de politique générale, Manuel Valls annonce devant les députés la suppression des conseils départementaux à l'horizon 2021. Six mois plus tard, il y renoncera. Le mal était fait, tous les élus départementaux du pays avaient compris le message : « Pour la gauche, on ne sert à rien. » D'ailleurs, la loi NOTRe de 2015 ôtera aux Départements de nombreuses compétences au profit des Régions. À ce titre, le ressentiment des élus locaux sera renforcé par la réforme des « grandes régions » qui va accroître le sentiment d'éloignement des lieux de décision.

Finalement, à travers ces différentes intentions et décisions, la gauche a donné l'impression de ne pas compter sur les élus locaux. Ces erreurs ont hélas contribué à passer sous silence la réduction des inégalités et la baisse du chômage amorcées au cours du quinquennat.

L'improbable adhésion à la gauche actuelle

Comme le démontre Thibault Lhonneur, conseiller municipal LFI à Vierzon, tout au long de la séquence électorale de 2022, la gauche s'est montrée incapable de parler au peuple des sous-préfectures, des villes moyennes et des campagnes[1]. Là où le candidat Mélenchon de 2017 tirait sa force d'une homogénéité de ses scores dans tout le pays, celui de 2022 est plus déséquilibré en faveur d'un vote très fort dans les grandes villes, au détriment des sous-préfectures.

De façon générale, la gauche y semble de moins en moins à l'aise et ne laisse apparaître aucune proposition forte qui puisse y trouver un écho. La radicalité se dirige davantage et de façon transverse vers des enjeux comme le réchauffement climatique, la justice sociale, l'école ou la laïcité, qui sont des combats essentiels, mais qui – sans doute à tort – ne donnent pas le sentiment de résoudre immédiatement les problèmes rencontrés au quotidien dans nos campagnes.

Prenons le cas des banlieues populaires. Depuis la création de SOS Racisme en particulier, la gauche leur adresse toujours des messages forts, qu'il s'agisse de propositions liées à la rénovation urbaine, au récépissé pour les contrôles d'identité de François Hollande (vite abandonné), voire à la fin pure et simple des contrôles d'identité. Plus généralement, elle dénonce à raison les injustices subies par les habitants des quartiers populaires ou la montée des actes islamophobes qui y sont commis.

---

1. Thibault Lhonneur, « Être majoritaire : la gauche face à la fracture territoriale », Fondation Jean-Jaurès, décembre 2022.

Elle va parfois plus loin, comme lorsque LFI affirme que c'est « la police qui tue » ou qu'il y a un racisme systémique parmi les forces de l'ordre.

Rien de tel ou de comparable en ce qui concerne la ruralité. Je suis même surpris que le plus radical des candidats de gauche Jean-Luc Mélenchon le soit si peu quand il aborde la question des déserts médicaux, pour laquelle il ne propose aucune forme de régulation de l'offre médicale, en particulier pour les zones rurales qui en sont les plus éloignées.

Ce décalage entre un surinvestissement politique des quartiers populaires et un tel angle mort rural chez LFI n'est pas le fruit du hasard. Il obéit à l'analyse parfaitement assumée par Jean-Luc Mélenchon. 400 000 voix lui ont fait défaut pour être au second tour, or il dispose d'un réservoir de voix considérable parmi les abstentionnistes de gauche qui se concentrent essentiellement dans les quartiers populaires. L'enjeu consiste donc à mobiliser cet électorat. En cela, son diagnostic diverge de celui de Julia Cagé et Thomas Piketty[1], pour qui le point faible de la gauche réside avant tout auprès des classes populaires rurales. Lors d'un débat organisé par l'Institut de la Boétie et auquel les deux auteurs étaient invités à débattre, Jean-Luc Mélenchon explicite sa pensée avec une

1. Julia Cagé et Thomas Piketty, *Une histoire du conflit politique*, 2023, *op. cit.*

transparence et une honnêteté assez rares en politique. Il dénonce d'abord une impasse selon lui : penser qu'on peut convaincre un électorat de classe moyenne en tenant un discours modéré. Ce serait non seulement vain, mais contre-productif pour son électorat habituel en attente de radicalité : « Toute stratégie qui se proposerait de rassembler les miettes qui tombent du bloc central […] est une stratégie qui nous coûterait horriblement cher pour un résultat électoral absolument incertain. » Pour lui, il faut donc continuer à tout prix à parler « cru et dru », non pas en pensant que cela va rationnellement convaincre son interlocuteur, mais parce que ce ton excessif lui parlera davantage. S'agissant de la ruralité plus précisément, sans écarter toute volonté de s'adresser à elle, mais sans l'encourager pour autant, il est tout aussi net : « Le gros de la troupe qui va nous faire gagner, ce sont les quartiers populaires où on vote pour nous à 80 % au premier tour, mais où 30 % seulement vont voter. Si nous montons à un niveau égal à celui de la participation du reste de la société, nous avons gagné. C'est pourquoi la priorité, c'est de les convaincre eux ».

Dans ce même débat, Stefano Palombarini, proche des « insoumis[1] », va abonder dans ce sens. Selon lui, les classes populaires rurales

1. Bruno Amable et Stefano Palombarini, *L'illusion du bloc bourgeois. Alliances sociales et avenir du modèle français*, Paris, Raisons d'agir, 2018.

sont insérées dans le paradigme qu'il nomme « néo-libéral ». Ayant peu de diplômes, mais un peu plus de revenus que les habitants des quartiers populaires et surtout étant souvent propriétaires, elles ne demandent pas la révolution, mais de la protection. Or ajoute-t-il « si la protection qui est offerte vient d'une gauche en rupture avec ce paradigme, c'est une proposition irréaliste, hors du monde. Ce n'est pas ce type de protection qui sera acceptable ». En gros, inutile de perdre du temps avec des électeurs ruraux dont les colères ne sont pas récupérables par le bruit et la fureur, il suffit de faire grandir la flamme de celles qui s'expriment au travers des révoltes urbaines sans jamais les trahir en adoptant un langage un tant soit peu modéré. Plus tard dans la discussion, Manuel Bompard enfonce le clou et encourage à entretenir à tout prix un discours de rupture en rappelant que la période où les banlieues ont connu des taux très élevés de participation électorale correspond à la période où le PCF était dominant. Il en déduit que c'est un programme de rupture fort avec le capitalisme qui a permis cela et le permettra demain.

Je crois pour ma part que la gauche ne pourra convaincre une majorité de Français que par un discours capable de rassembler des électeurs d'origines sociales et géographiques différentes, comme elle a toujours réussi à le faire lors de ses grandes victoires, et que ce n'est en aucun cas un discours révolutionnaire qui lui permettra d'être entendue dans le monde rural. À ce titre, il est frappant d'observer que le RN n'y a jamais été aussi populaire que depuis qu'il a abandonné l'idée de sortir de la zone euro. Je partage là encore l'hypothèse défendue par Thomas Piketty et Julia Cagé dans ce débat, à savoir que si le réservoir des abstentionnistes issus des quartiers populaires est tout sauf négligeable, il est tout autant, voire plus efficace, de tenter de convaincre des électeurs ruraux qui réclament avant tout une forme de justice et dont on sait qu'ils sont fidèles aux urnes.

La demande de considération et de protection qu'on entend dans nos ruralités n'est pas incompatible avec l'exigence d'une bifurcation écologique. Toutefois, de la même façon que le discours de rupture avec le capitalisme prôné par LFI me semble contreproductif, on pourrait en dire de même des discours décroissants tenus par certains mouvements ou personnalités qui se réclament de l'écologie politique. Dans des territoires très marqués par deux plans sociaux à très grandes échelles – la désindustrialisation et la déprise agricole –, l'idée que pour sauver la planète il faille décroître encore davantage, alors que les métropoles « se goinfrent » et polluent bien davantage est inaudible, voire franchement révoltante. Alors que l'inflation frappe plus durement encore les habitants des territoires ruraux, affirmer que notre salut passe par le renoncement à des plaisirs simples du quotidien, comme l'arrêt total de la consommation de viande et du fameux barbecue, mais aussi de la chasse, de la maison avec un petit extérieur ou encore des transports en voiture, passe comme une provocation insupportable dans « une vie déjà assez compliquée comme ça ».

Je peux comprendre que face à un pouvoir centriste d'une part et face à l'urgence climatique d'autre part, on puisse être tenté de parler « cru et dru », d'adopter une posture d'opposition brutale, clivante, sans concession. L'ennui, c'est que cette attitude, loin de rassembler les Français, diabolise la gauche et rapproche chaque jour davantage du pouvoir la seule opposition qui incarne désormais pour beaucoup un retour à l'ordre face aux désordres du monde et aux injustices de la vie : le RN.

2017-2027 : Le RN alternative populaire inéluctable ?

« Ah, je suis content de vous voir, j'ai voté pour vous ! Et vous aurez tout mon soutien la prochaine fois. Par contre à la présidentielle, je vote Marine, vous m'en voulez pas, hein ? » Ou encore : « Vous avez vu encore ce qu'il s'est passé ? Pardon, monsieur Branco, mais vivement que Jordan remette un peu d'ordre ! » Pour qui est élu de gauche en milieu rural, ce type d'échange est fréquent. Il dit à la fois la normalisation du soutien affiché au RN, la proximité pour ne pas dire familiarité qu'incarnent « Marine et Jordan » et, enfin, ce qui pourrait apparaître comme une incohérence politique entre le vote RN et le vote pour un élu de gauche, mais qui, pour ces interlocuteurs, n'en est pas une.

Lorsque je poursuis l'échange, arrive toujours à un moment de la discussion la notion d'ordre qu'on aurait tort de résumer à un réflexe conservateur, réactionnaire ou xénophobe. Il y a derrière cela à la fois un besoin d'ordre face aux désordres du monde et de la société, de protection face à l'abandon de leur territoire et de justice face aux difficultés de la vie.

Bien sûr, la demande de sécurité est largement partagée face à des incivilités, des cambriolages ou des petits trafics de drogue qui progressent aussi dans la ruralité. La question du contrôle de l'immigration peut également être évoquée, notamment après des faits divers ou révoltes urbaines fortement médiatisés, comme après la mort de Nahel, où les amalgames sont rapidement établis au profit du discours du RN. Mais une grande partie de l'attente exprimée se traduit à mon sens par les notions de protection et de justice, qui trouvent aujourd'hui un débouché à travers le vote RN, là où il s'exprimait auparavant par un engagement à gauche.

Lors de l'élection présidentielle, Jean-Luc Mélenchon avait trouvé une belle formule en parlant des « fâchés pas fachos » qu'il s'agirait d'aller convaincre. Je regrette qu'il ne se soit pas donné les (bons) moyens de le faire. Alors qu'il a su incarner à un moment l'alternative principale au pouvoir en place, les sondages montrent que cela a pris fin après le mouvement des Gilets jaunes, ces fâchés qu'il a sous-estimés comme il avait sous-estimé les Bonnets rouges.

Aujourd'hui, ces « fâchés » des zones rurales n'en peuvent plus de cette impression d'une France à deux ou trois vitesses, avec d'un côté les cœurs métropoles qui concentrent toutes les richesses, les quartiers populaires toutes les sollicitudes et leur ruralité tous les abandons. La richesse des métropoles, elle s'affiche tous les jours dans les médias. La sollicitude envers les quartiers populaires, elle peut créer du ressentiment, comme lorsque, après les émeutes de l'été 2023 consécutives à la mort de Nahel, un énième plan banlieues est annoncé par la Première ministre avec des financements à la clé. « Donc faut casser pour qu'on s'occupe de nous, c'est ça ? » ai-je entendu juste après ces annonces dans les médias. C'est d'ailleurs la méthode qui a fonctionné avec le mouvement des Gilets jaunes, ou plus exactement une fois que ce mouvement a pris des formes violentes qui ont accentué la pression sur le gouvernement pour qu'il y mette fin. Alors à défaut de casser, on envoie des messages en votant et à ce jeu-là le RN est devenue la boîte à lettres naturelle, la gauche ayant oublié depuis longtemps d'accuser réception.

En juin 2021, j'ai eu l'honneur d'être élu dans le canton de Puy-l'Évêque dans le Lot, célèbre entre autres pour ses délicieux vins de Cahors et le patrimoine exceptionnel de ses villages. Arrêtons-nous sur les deux principales communes de ce canton, Puy-l'Évêque et Prayssac, toutes deux peuplées de 2000 habitants environ et distantes d'à peine trois kilomètres, autant dire voisines. La première est sociologiquement un peu plus jeune et ouvrière que la deuxième, un peu plus âgée et aisée. Leur évolution sociologique, économique et politique en dit beaucoup à mon sens sur les ressorts de la montée du vote RN dans de nombreuses ruralités ou, à l'inverse, de ce qui permet de la freiner.

À l'image du Lot, ces deux communes ont voté très majoritairement pour François Hollande au second tour de l'élection présidentielle de 2012, avec un score de 57 % dans les deux cas (Puy-l'Évêque faisant même légèrement mieux). Dix ans plus tard, l'une votera majoritairement Macron, l'autre Le Pen. Que s'est-il donc passé pour que ces communes si proches au cœur de la vallée du vignoble connaissent des évolutions à ce point opposées ? Puy-l'Évêque, chef-lieu historique du canton et superbe village médiéval où j'ai la chance de vivre, est réputé pour son patrimoine exceptionnel qui lui vaut de figurer parmi les « grands sites d'Occitanie » et le surnom de troisième merveille du Lot après les célèbres villages de

Rocamadour et Saint-Cirq-Lapopie, attirant ainsi chaque été de très nombreux touristes. La commune compte également un outil industriel performant avec MétalFormage et une manufacture de porcelaine reconnue nationalement avec Virebent. Mais Puy-l'Évêque est en pente, ce qui fait son charme, mais ne facilite pas les déplacements à pied, en particulier pour une population de plus en plus âgée, comme partout dans le Lot. Tout comme de nombreux villages, année après année, des services publics ferment, plusieurs commerces tirent le rideau également, laissant plusieurs baux commerciaux à l'abandon. De son côté, Prayssac n'a peut-être pas le charme de sa voisine, mais elle a pour atout une topographie plus accessible et un dynamisme fort en matière commerciale. À l'image de son marché du vendredi, l'un des plus beaux et l'un des plus fréquentés de la région, la commune voit régulièrement de nombreux commerces de proximité ouvrir.

En 2017, un premier décalage électoral s'opère entre les deux communes au deuxième tour de l'élection présidentielle. Si Emmanuel Macron l'emporte largement dans les deux cas, l'écart est plus évident à Prayssac (72 %) qu'à Puy-l'Évêque (63,75 %). Entre 2017 et 2022, le décrochage de Puy-l'Évêque au profit de Prayssac va se poursuivre, amplifié par deux événements exogènes majeurs : d'abord, la fermeture définitive en 2018 de l'usine voisine de Fumel située à quelques kilomètres côté Lot-et-Garonne, monument de l'histoire industrielle locale où travaillaient à son apogée jusqu'à 3 500 salariés vivant dans la vallée[1]. Cette fermeture va percuter de plein fouet le dynamisme du territoire et plus particulièrement la partie la plus à l'ouest du canton, dont Puy-l'Évêque, qui compte davantage d'ouvriers et d'employés. Une paupérisation se développe. Deux ans plus tard, un autre bouleversement intervient avec la pandémie du Covid-19, qui va, à l'inverse, accélérer l'arrivée dans les campagnes de nouveaux habitants retraités plus aisés, pré-retraités ou cadres profitant du télétravail. Prayssac va alors profiter à plein de son relief propice à la création de nouvelles habitations et activités, de sa zone de chalandise attractive et de son dynamisme économique pour attirer une partie de ces nouveaux venus au pouvoir d'achat plus élevé. En quelques années, le visage de la commune change. On crée une maison de santé pluridisciplinaire flambant neuve avec notamment quatre médecins généralistes, dont deux viennent de la région parisienne. Un magasin bio La Vie claire ouvre ses portes, puis ce sera le tour de la librairie Racines, très ouverte aux problématiques écologiques, projet porté par Louis Pérot, ancien libraire parisien devenu vigneron bio, Alain Grandjean, membre du

1. Un souvenir encore vivace raconté par José Gonzalez, ancien responsable CGT, dans *Si José en parlait*, un ouvrage auto-édité.

haut conseil pour le climat et alors président de la Fondation pour la nature et l'homme (ex-Fondation Nicolas-Hulot) venu s'installer dans le Lot et sa fille Sarah. D'autres activités nouvelles vont apparaître, dont une salle de sport ou un espace de coworking. Quant au cinéma, il va être rénové et agrandi, avec une nouvelle salle qui pourra accueillir des séances en plein air.

Pendant ce temps, Puy-l'Évêque n'évolue pas de la même façon. Après la Caisse d'Épargne, c'est la Banque populaire puis la perception qui quittent la commune. Le traiteur et la boucherie ferment le rideau également. Même le rayon boucherie de l'Intermarché vient de fermer : « Y a plus personne. Maintenant, on a droit qu'à des sous-vides pré-pesés. On ne peut plus demander 100 g de steak haché frais, faut aller à Prayssac. » Le marché du mardi matin fait pâle figure à côté de son voisin prayssacois. Les médecins ne sont plus trois, mais deux et bientôt un seul avec le départ à la retraite programmé du plus ancien. Aux dires des habitants, la commune se paupérise. On en discute autour du terrain de rugby ou de l'atelier peinture. « On voit de plus en plus de cassos », une façon de se distinguer d'une catégorie d'habitants qui symbolise pour beaucoup une forme de déclin social[1]. Je

1. Sur le sujet, lire l'excellent ouvrage de Benoît Coquard, *Ceux qui restent*, Paris, La Découverte, 2022.

retrouve d'ailleurs souvent ces remarques parmi les habitants issus, comme moi, de l'immigration portugaise, mais aussi italienne ou espagnole, pour qui la dignité doit venir du travail et pour qui cette impression que d'autres, en l'occurrence ces « cassos », puissent « profiter du système et vivre aux crochets de ceux qui bossent » est insupportable.

Entre déclassement et paupérisation, une forme de ressentiment se développe. On critique à la fois les « cassos » et on jalouse le dynamisme de Prayssac : « C'est simple, nous, on va souvent à Prayssac pour les courses, les médecins, les activités. Mais eux ne viennent jamais chez nous. » S'y ajoute le sentiment que Puy-l'Évêque ne s'anime vraiment que l'été, mais dort l'hiver. Un ami me confiait en novembre dernier : « C'est parti pour l'hibernation annuelle entre Toussaint et Pâques, quand les beaux jours et les Anglais reviendront. » À l'inverse, grâce à sa zone de chalandise, le contraste est moins marqué à Prayssac, qui maintient une activité continue tout au long de l'année, même si l'été y est particulièrement animé par la présence des touristes attirés par Puy-l'Évêque.

Cette impression de déclassement, voire d'abandon, vécue par les Puy-l'Évêquois tranche avec la beauté du patrimoine comme la vallée du Lot qui coule paisiblement au pied du village médiéval. Mais les résultats électoraux à l'élection présidentielle de 2022 ne trompent personne : cette fois, au second tour, c'est Marine Le Pen qui l'emporte (50,10 %), là où Emmanuel Macron conserve une confortable avance à Prayssac (60,40 %). De façon caricaturale, en imaginant une suite mécanique de cette tendance, on pourrait penser que les 57 % obtenus par François Hollande en 2012 pourraient être peu à peu remplacés dans les mêmes proportions par un vote RN à Puy-l'Évêque et par un vote bourgeois de centre droit à Prayssac. Cette évolution n'est en rien liée à l'apparition d'une immigration soudaine. Ici, le vote RN prospère davantage sur la disparition de l'industrie, des services publics et du commerce que sur la multiplication des abayas… Bien que chacun ait conscience du potentiel extraordinaire du village et pas seulement du point de vue touristique, année après année, on désespère. Ce n'est pas le « grand remplacement » qui fait peur, mais le « grand déclassement », pour reprendre l'excellente expression d'Adélaïde Zulfikarpasic[1], directrice générale de BVA France.

Dans ce contexte, la gauche n'apparaît plus aux yeux de ces classes populaires rurales comme une solution. Ancrée dans les grandes villes, préoccupée par le réchauffement climatique, le sort des quartiers populaires, les

1. Dans Adélaïde Zulfikarpasic, « L'immigration, ce grand tabou (de la gauche) », Fondation Jean-Jaurès, 11 avril 2023.

inégalités femmes-hommes, elle semble en décalage avec les besoins immédiats des habitants et surtout avec ce sentiment de déclassement que la gauche participe à accroître d'ailleurs en n'en parlant jamais, ou presque. Personne ne pense fondamentalement que le RN fera renaître l'usine de Fumel, rouvrir les commerces ou revenir les médecins et les services publics. Mais « ils ne pourront pas faire pire », eux qui n'ont jamais été essayés.

Ainsi, le discours moralisateur sur le RN est devenu totalement inopérant, voire contre-productif. La « jurisprudence Tapie[1] », selon laquelle un électeur du Front national (FN) est « soit un salaud soit stupide », est totalement dépassée. Lorsqu'on passe de 4,3 millions d'électeurs en 2002 à 13,3 millions en 2022, on a affaire à un tout autre parti et à de tout autres électeurs[2]. Il s'agit de bien autre chose que d'une faute morale ou d'un manque de compréhension.

Il est temps d'arrêter de mettre le RN systématiquement au centre du débat et de l'évoquer

1. Aquilino Morelle, *La parabole des aveugles*, Paris, Grasset, 2023.

2. La relation entre le vote FN et la taille de la commune s'est totalement inversée entre la période 1986-1988 et la période 2017-2022. Il réalise désormais des scores deux fois plus élevées dans les villages et les bourgs que dans les banlieues et les métropoles, dans Julia Cagé et Thomas Piketty, *Une histoire du conflit politique*, 2023, *op. cit.*

uniquement du point de vue de ses dirigeants et non de ses électeurs. La meilleure façon de les convaincre de ne pas voter RN, c'est de les écouter, de comprendre leurs attentes, de relayer leurs colères et de leur proposer un projet qui leur parle.

À Puy-l'Évêque comme ailleurs dans le monde rural, rien n'est inéluctable. Les habitants sont en colère et je les comprends. La présence de services publics comme l'investissement dans de nouvelles formes d'économie locale résultent de choix politiques, eux-mêmes liés à une vision de l'avenir du pays et de la société. Or, après plus d'un siècle d'exode rural, le temps des campagnes est à mon sens revenu. Leur repeuplement répond à la fois à une aspiration sociale profonde des habitants et une nécessité écologique évidente[1]. Encore faut-il s'y intéresser et s'en donner les moyens. La gauche a du pain sur la planche.

---

1. À ce sujet, lire le passionnant ouvrage d'Henri Landes, *Repeupler les campagnes*, Paris, L'Observatoire, 2022.

Le pari de la renaissance rurale

Changer de méthode : repartir du réel pour repenser notre idéal

Où en est la gauche ?

Tout au long de son histoire, la gauche s'est construite en défendant un idéal de liberté, de justice, de progrès social et d'émancipation individuelle par le savoir, le travail et la conquête de nouveaux droits et libertés. Chaque génération de militants de gauche a adapté, enrichi cet idéal au gré des nouveaux défis qui se dressaient devant elle. Ce furent les luttes ouvrières, puis le combat pour la laïcité au début du siècle, la résistance face aux totalitarismes, le mouvement anticolonialiste, la lutte pour l'égalité femmes-hommes, la conquête de nouveaux droits pour les personnes LGBT, la construction européenne et bien sûr le défi climatique à l'échelle mondiale.

L'ensemble de ces combats n'étaient pas écrits dans l'ADN originel de la gauche, mais furent son prolongement naturel soit pour faire face à un contexte et des défis qui s'imposaient à elle, soit pour répondre à des aspirations individuelles ou collectives. En bref, c'est parce qu'elle a su évoluer avec la société que la gauche a été régulièrement au rendez-vous de l'histoire et des Français.

Est-ce encore le cas ? Cette question doit être posée. En 2027, cela fera quinze ans que la gauche n'a pas remporté de scrutin au niveau national ni même atteint le second tour de l'élection présidentielle. Bien sûr, le quinquennat de François Hollande a déçu une partie des électeurs de gauche. À l'évidence, Emmanuel Macron est parvenu à capter une part de son électorat modéré. Sans doute les campagnes auraient pu être mieux menées.

Je crois hélas que ces explications ne suffisent pas à expliquer ces échecs. J'ai le sentiment que la gauche est en décalage avec un mouvement qui traverse en profondeur une partie de notre pays. Si nous collons à la plupart des aspirations des habitants du cœur des métropoles et des quartiers populaires, on est complètement à côté de la plaque du côté de la ruralité et de la France dite « périphérique ».

Cela vaut à l'échelle mondiale. Qu'il s'agisse du succès de Donald Trump dans le middle-west, du Brexit dans l'électorat populaire anglais, de la progression de l'extrême droite allemande en Allemagne de l'Est ou plus récemment des Pays-Bas[1], les périphéries des métropoles ou dit autrement les perdants de la mondialisation ne se sentent plus représentés par la gauche et se réfugient dans des votes populistes. Oui, nous avons perdu les classes laborieuses rurales. Pour changer cette donne avant que le RN la remporte, il nous faut regarder les ruralités en face, repartir de ce réel pour repenser notre idéal.

La gauche face aux crises du monde rural

Le monde rural est aujourd'hui traversé par des angoisses profondes. L'une tient au sentiment de décrochage continu en comparaison avec le développement insolent des services dans les métropoles. On aurait tort de l'expliquer par le seul déclin de l'activité agricole. La campagne a été depuis plusieurs décennies délaissée par la plupart des investissements privés et publics, en particulier ceux de l'État, que la décentralisation ne peut à elle seule et en si peu de temps rattraper. Des écoles, des gares, des postes ont fermé, des lignes ferroviaires ont disparu, des industries ont été délocalisées, des prés se sont embroussaillés, des cinémas ont mis la clé sous la porte. C'est de tout cela et d'autres facteurs encore que

1. La gauche réalise son meilleur score à Amsterdam, mais se fait largement distancer dans les campagnes.

découle ce sentiment de déclassement, de relégation, l'impression d'être loin de tout, loin de là où ça se passe, là-bas dans les métropoles.

Une autre forme d'angoisse est apparue plus récemment, celle de ne plus arriver à joindre les deux bouts. Jusqu'à présent, une forme de tranquillité et de qualité de vie compensait l'absence de certains services. Cette tranquillité n'est plus. Parce que le prix du caddie explose, celui du carburant, de l'électricité, du gaz et du fioul s'envolent. Se nourrir, se déplacer, se chauffer, tout même l'essentiel devient cher. Pour un salarié rural au smic, c'est un quart du salaire mensuel qui peut partir en pleins d'essence. Cet étranglement est intenable : à quoi bon reprendre un travail à 15 kilomètres de chez soi si c'est pour perdre de l'argent, de l'énergie, du temps à passer pour sa famille ? Comment financer le logement des enfants partis étudier à la ville ? Comment assumer la prise en charge de ses propres parents en Ehpad ? De cette impuissance peut naître un sentiment de honte, de perte d'estime de soi.

Dans ce contexte extrêmement sensible, l'absence d'intérêt de la plupart des partis politiques vis-à-vis de cette réalité est vécue comme un abandon. Le mouvement des Gilets jaunes est né de ce sentiment. Malgré cet énorme coup de semonce, la gauche n'a pas bougé ou presque. Pire, elle n'en a jamais réellement tiré les conséquences sur le plan national. Ayons bien conscience que ce mouvement, né alors que le carburant atteignait 1,40 euro/litre, n'a jamais connu de terreau plus fertile que la situation actuelle pour réapparaître d'une façon ou d'une autre. Voilà le réel à partir duquel nous devons penser la mise à jour du logiciel de gauche.

Repartons de la réalité vécue dans nos ruralités, retrouvons de l'empathie, relayons la colère et portons un projet qui réponde à leurs attentes. Et regardons le verre à moitié plein : grâce à cette information désormais accessible à tous, si la gauche porte haut et fort cette exigence, ils en entendront parler !

Pour une utopie nouvelle : repeuplons nos campagnes !

La saturation des métropoles et le déclic de la crise covid

Dominant en France jusqu'au milieu du XIXe siècle, le monde rural a commencé à décliner avec l'avènement de la révolution industrielle. Quittant les champs pour l'usine, plusieurs générations d'enfants de paysans ont ainsi rejoint le cœur du monde industriel dans les centres urbains.

À cet exode lié au travail s'ajoutent les millions de paysans partis sur les champs de bataille entre 1870 et 1945 et jamais revenus. Les Trente Glorieuses ont poursuivi et accéléré ce déclin, avec le développement d'emplois dans les services et l'accès d'un nombre croissant d'élèves au lycée puis à l'enseignement supérieur, les faisant quitter de fait leurs villages pour s'épanouir en ville.

Longtemps l'exode rural et le développement des villes ont été synonymes de progrès. Enfant à Toulouse, je me souviens de l'éternelle rivalité avec Bordeaux non pas en matière rugbystique – la cause étant entendue –, mais pour déterminer quelle était la quatrième ville de France. On s'enorgueillissait d'être chaque année en tête du classement de la ville accueillant le plus d'habitants en France, de même qu'on appelait Montpellier « la surdouée », du fait de son dynamisme démographique. On ne pleurait pas pour autant le dépeuplement du Gers, du Lot ou de l'Ariège, ce monde rural promis au déclin ou aux hippies post-soixante-huitard. La campagne, vestige de la France d'hier, était condamnée à déménager.

Aujourd'hui, 67 % de la population française est urbaine, mais vit sur 20 % seulement du territoire selon l'Insee. L'accroissement démographique se réalise en proche périphérie de ces centres urbains selon une logique pavillonnaire extrêmement gourmande en emprise foncière.

En dépit de la construction massive de logements, de l'apparition de nouvelles rocades, lignes de métro ou de tramway, de la piétonisation et des tentatives de végétalisation des centres-villes, cette concentration urbaine conduit à la saturation. La vie étudiante est de plus en plus précaire, le logement inaccessible pour un nombre croissant de familles repoussées hors du cœur des villes. Ces mêmes familles se retrouvent alors confrontées à l'engorgement des transports dans la plupart des métropoles. Le temps passé dans les embouteillages ou dans les transports collectifs détériore considérablement leur qualité de vie.

La crise sociale, celle du logement, du transport, celle du Covid-19 et plus encore celle du réchauffement climatique ont battu en brèche la croyance selon laquelle l'avenir appartenait aux villes, aux grandes concentrations urbaines. Nous en sommes revenus, tant mieux. Reste à reconquérir, à réinventer nos campagnes.

La campagne : une solution face au changement climatique

L'engorgement des villes n'a pas pour unique inconvénient la détérioration de la qualité de vie de ses habitants. L'étalement urbain représente aujourd'hui la cause principale de l'artificialisation des sols, elle-même destructrice de biodiversité, de sols agricoles, génératrice d'inondations et émettrice de carbone. La concentration des activités en ville n'est en outre pas étrangère à une forme de surconsommation.

Pour y remédier, on ne jure que par la durabilité des villes. À ce jeu-là, les bureaux d'études ne manquent pas d'imagination pour proposer aux collectivités des programmes de végétalisation, de décarbonation, de renaturation des villes. On piétonnise les centres-villes, on diminue ou exclut l'usage des véhicules thermiques en développant les transports en commun, le vélo et autres mobilités douces. Mais la logique d'ensemble et l'objectif restent inchangés : rendre les métropoles plus attractives que jamais pour entasser toujours plus d'habitants. Pendant ce temps, chaque département rivalise de politiques d'attractivité pour tenter d'attirer les quelques urbains en mal de verdure.

Ainsi, territoires urbains comme ruraux jouent chacun leur partition sans réflexion globale. Alors même que la crise du Covid-19 a créé un besoin de proximité avec la nature, un mouvement de retour à la campagne, à aucun moment n'est posée la question de la surpopulation des villes, de la détérioration de la qualité de la vie qu'elle engendre. À aucun moment n'est posé l'enjeu du rééquilibrage démographique des territoires qui passe inéluctablement par des choix forts en matière d'aménagement.

Le désir d'une vie meilleure à la campagne, une tendance qui s'affirme

Le repeuplement des campagnes n'est ni une utopie, ni un retour au Moyen Âge. Le déséquilibre démographique en faveur des villes est une réalité récente en France. Au lendemain de la Seconde Guerre mondiale, la répartition entre villes et campagnes était à peu près égale. Ce n'est que dans les décennies qui ont suivi que le déséquilibre s'est opéré au profit des zones urbaines.

Avant même la crise du Covid-19, les Français émettaient majoritairement le souhait de quitter la ville pour vivre plus proche de la nature[1]. Ils sont aujourd'hui autant à considérer que les territoires ruraux sont attractifs et connaissent un renouveau[2]. Il est intéressant de noter que trois habitants ruraux sur quatre le pensent aussi, témoin d'un regain de fierté, voire de début de « Plouc Pride[3] » ! Sans doute parce que la vie urbaine est chère, qu'elle peut être rude, voire extrêmement contraignante dans ses périphéries comme dans certains de ses quartiers populaires ; mais aussi parce que la vie rurale fait envie à travers une proximité avec la nature, un éloignement de la pollution, un cadre d'éducation des enfants plus serein ou des rapports sociaux plus étroits, plus chaleureux.

Lorsqu'on évoque l'exode urbain, on renvoie souvent à un imaginaire un peu caricatural de couples de cadres de centre-ville de grandes métropoles qui plaquent tout pour changer de vie ou télétravailler en contact avec la nature. Ce ne sont pas forcément eux qui vont demain

1. Sondage Ifop du 2 mai 2019.
2. Sondage Ifop du 14 juin 2023.
3. Valérie Jousseaume, *Plouc Pride*, La Tour-d'Aigues, l'Aube, 2021.

abandonner leur centre-ville piéton et leur abonnement culturel. Eux chercheront plutôt une résidence secondaire. En revanche, d'autres urbains pourraient être fortement tentés par un tel changement. Ayant vécu à Toulouse, j'ai vu se transformer d'anciens villages en bouts de banlieue plus ou moins éloignés, mais connectés à la ville. On a vendu du rêve à des populations qui ont cru pouvoir vivre à la campagne et travailler à la ville. Trente ans plus tard, la campagne a disparu autour d'eux et ils passent la moitié du temps coincés dans les embouteillages. Le cadre de vie s'est dégradé à mesure que le centre-ville de Toulouse, lui, s'enrichissait, bénéficiant de nouveaux services, notamment en matière de transport ou de culture. De ce constat est née chez moi la conviction profonde que cette vie-là, où l'on subit tous les inconvénients de la vie urbaine sans bénéficier de ses avantages, deviendrait tôt ou tard insupportable. Dès lors, je ne suis guère surpris de constater, lorsqu'on interroge les Français sur leur idéal de vie, qu'ils sont 46 % à déclarer vouloir vivre à la campagne (11 % dans un bourg, 14 % dans un petit village et 21 % dans une maison à la campagne) et que cet attrait est particulièrement fort chez les habitants des zones périurbaines de grand pôle (69 %) et de pôles urbains moyens (82 %)[1].

1. « La société idéale de demain aux yeux des Français », sondage Ipsos-Fondation Jean-Jaurès-CFDT, novembre 2023.

Lorsqu'on interroge plus précisément les Français sur leurs attentes quant à leur habitation, la réponse qui vient le plus fréquemment est « le calme et la tranquillité de la vie », suivi de la possibilité d'avoir une surface habitable importante et en particulier un jardin, puis « la proximité de la campagne ou de forêts » et des « relations sociales apaisées entre habitants ». Autrement dit, les quatre principaux critères correspondent à un type d'habitat que l'on rencontre plutôt dans le monde rural.

Dans les faits, la tendance positive des installations dans les communes rurales observées avant le Covid-19 se confirme (on passe de 8,8 % des déménagements en 2017 à 10,4 % en 2022), mais on ne peut pas pour autant parler d'exode rural à ce stade[1].

Cette tendance est par ailleurs fragile. Elle se heurte d'abord à un a priori tenace : vais-je prendre le risque de m'isoler à la campagne, fut-ce en famille ? Suis-je prêt à perdre un accès immédiat à un certain nombre de services en matière de santé, de culture, de divertissement ? Ces préjugés ramènent généralement à une conception exagérément passéiste de la campagne, ignorant la richesse de sa vie culturelle et la « vie connectée » qui devient la norme dans la plupart des départements ruraux.

---

1. « Exode urbain, un mythe, des réalités », étude POPSU, 2023.

Mais regardons ces freins en face. La crainte de la perte d'accès aux services publics est la première explication exprimée par les urbains (70 %, un chiffre en hausse de 6 points par rapport à 2020), qui s'explique notamment par la désertification médicale. Dans le sondage Ifop-CFDT de novembre 2023[1], l'accès aux services de santé arrive en premier dans les attentes des Français quant à leur futur logement devant l'école et le commissariat.

Sans surprise également, le manque d'offre de transport suffisante arrive en deuxième explication (60 %) et progresse de 5 points dans un contexte d'explosion du prix du carburant.

Deux évolutions notables sont intéressantes à regarder de près. D'une part, la crainte de ne pas trouver d'emploi est en chute de 10 points depuis 2020 (52 %). La diminution du chômage et plus encore le développement du télétravail sont passés par là. À l'inverse, le manque de logements est un facteur en nette hausse. Les ruraux eux-mêmes sont les premiers à le considérer comme un frein à l'arrivée de nouveaux habitants (25 %, soit une hausse de 6 points).

Voilà un diagnostic éloquent à partir duquel nous devons construire notre ambition de repeuplement des campagnes. À l'heure de l'urgence climatique, ce rééquilibrage aurait pourtant bien des vertus environnementales, en

1. « La société idéale de demain aux yeux des Français », 2022, sondage cité.

particulier par le développement d'une agriculture fondée sur l'agro-écologie. Encore faut-il que la gauche parle à nouveau aux agriculteurs.

L'abandon des agriculteurs : une trahison envers le monde paysan et le climat

Si la gauche apparaît de moins en moins à l'aise avec le monde rural en général, que dire de son rapport au monde agricole ? Considéré comme conservateur, « réac », il semble perdu pour la cause, comme si nous n'avions rien à lui dire et lui rien à attendre de nous. Tenter de le convaincre serait du temps perdu, hormis avec les militants de la Confédération paysanne. En témoigne la place confidentielle qui lui fut donnée dans les récents projets présidentiels et législatifs ou encore la non-condamnation des attaques à répétition contre des exploitations agricoles. Pire, le soutien assumé par certains de ces pratiques militantes. Quand bien même on partage tout ou partie des idées portées par Les soulèvements de la terre, quand bien même les velléités gouvernementales de dissolution de ces derniers nous apparaissent liberticides, comment peut-on un seul instant cautionner une attaque contre des biens et/ou des personnes ?

Dans la volonté affichée de tout cliver et conflictualiser, la gauche donne l'impression de vouloir diviser le monde agricole entre une majorité considérée comme ennemie du progrès pour ne pas dire climaticide et une avant-garde éclairée. La majorité ? Celle de la Fédération nationale des syndicats d'exploitants agricoles (FNSEA) – comme si elle ne constituait qu'un bloc ! –, des éleveurs responsables des mégafeux à travers le monde, et des « grands propriétaires » tous ou presque parties prenantes de « l'agro-business ». L'avant-garde ? Celle des petits maraîchers bios en circuits courts symboles d'une agriculture paysanne responsable et à taille humaine.

La réalité du monde agricole est évidemment bien plus complexe que cela, ce dont les auteurs de ces caricatures ont pour la plupart conscience. Mais suivant leur stratégie clivante, ils semblent considérer les agriculteurs comme les ennemis utiles au vote écolo, de la même façon que la police (qui « tue ») représente l'ennemi utile au vote dans les quartiers populaires, ou de façon plus habituelle le patron l'ennemi utile au vote des ouvriers.

Cet abandon est une trahison. À la fois une trahison envers les agriculteurs eux-mêmes et une trahison envers la lutte contre le réchauffement climatique. Bien sûr, on compte parmi les agriculteurs des conservateurs adversaires du changement, parfois même des réactionnaires, voire des climatosceptiques, mais une grande partie du monde agricole – bien plus grande qu'on ne le croit – est consciente que le modèle de production actuel n'est pas tenable à moyen terme. Quel vigneron ou arboriculteur n'a pas connu d'épisodes de gel à répétition, quand ce n'est pas la grêle, la sécheresse ou à l'inverse l'excès de précipitations et son corollaire le mildiou ? Quel céréalier ne craint pas de manquer d'eau pour ses cultures ? Quel éleveur ne voit pas grimper en flèche le prix du fourrage pour les mêmes raisons ?

J'ai la conviction profonde que les agriculteurs ont besoin de la gauche autant que la gauche a besoin des agriculteurs, mais que ni les uns, ni les autres n'en ont conscience. Si beaucoup de familles d'agriculteurs se réfugient vers la droite ou l'extrême droite, ce n'est pas toujours par conviction, loin de là, mais avec le maigre espoir que, faute de mieux, ils pourront continuer à produire « comme on l'a toujours fait ». Surtout quand ils lisent ou entendent tous les jours que la catastrophe climatique est pour demain et que la gauche les accuse d'en être les responsables ! Faute de mieux, autant demander « cinq minutes de plus, monsieur le bourreau ».

Cette résignation continuera aussi longtemps que la gauche persistera dans ses provocations et qu'aucune alternative n'apparaîtra autour d'un discours lucide sur le diagnostic et bienveillant dans les exigences inhérentes à la transition agroécologique que l'ensemble des filières doit mener. Ce projet, c'est à la gauche de le porter. À la fois pour les agriculteurs qui l'attendent et pour le climat qui l'exige.

La lutte contre le réchauffement climatique nécessite la contribution de tous les acteurs de la société et en particulier des agriculteurs. Pas simplement pour corriger certaines pratiques, mais parce que l'agroécologie et son impact à l'échelle planétaire à travers le stockage du carbone seront l'une des principales solutions pour emporter cette bataille.

J'ai eu la chance dans mon parcours militant de rencontrer un pionnier politique de ce combat, Stéphane Le Foll, alors spécialiste des questions agricoles au Parlement européen. C'était l'époque pas si lointaine où la gauche comptait de nombreux responsables engagés sur ces enjeux dans chacune de ses composantes, qu'il s'agisse du paysan aveyronnais José Bové chez les EELV, du communiste auvergnat André Chassaigne, de l'ancien ministre Parti socialiste bigourdan Jean Glavany, du député de Mayenne Guillaume Garot, de Germinal Peiro alors député de Dordogne ou encore l'Audois Éric Andrieu comme député européen. La simple évocation des territoires d'origine de ces élus est éclairante quant à l'ancrage rural de la gauche du tournant des années 2010. Ce n'est d'ailleurs pas tout à fait un hasard si cette gauche-là choisit pour candidat à l'élection présidentielle de 2012 un habitué des comices agricoles de Corrèze. Et pas un hasard non plus si celui-ci confia le portefeuille agricole à un fin connaisseur de la PAC, ancien élu d'une commune sarthoise d'un peu plus de 200 habitants et ancien enseignant en BTS agricole. Le signal était clair : la gauche prenait l'agriculture au sérieux en la confiant à un spécialiste reconnu en la matière.

Parmi les avancées obtenues lors du quinquennat, l'agroécologie constitue un changement de paradigme fondamental, obtenu de haute lutte. Il faut bien avoir à l'esprit le contexte de cette époque pas si lointaine, dix ans à peine. J'ai souvenir de négociations en 2013 avec la FNSEA qui menaçait le ministre de pourrir son premier salon de l'agriculture si le terme « agroécologie » était prononcé. C'était sans compter sur le tempérament granitique de ce Breton d'origine, aussi droit dans ses convictions que tenace dans son caractère. Non seulement l'agroécologie fut assumée, mais elle fut le fil rouge de toute la politique menée jusqu'en 2017.

Qu'on ne s'y trompe pas, l'agroécologie dépasse, et de loin, la question de la bio. Le postulat de départ de ce nouveau paradigme consiste à intégrer la dimension environnementale dans l'ensemble des modèles de production, à penser économie et environnement dans un même mouvement, à mobiliser en premier lieu les ressources de l'écosystème avant de penser à y intégrer des intrants quels qu'ils soient. Autrement dit, c'est revenir sur un demi-siècle de croyance en un modèle productiviste qui déifiait la technologie, les engrais, la chimie, la génétique et les énergies fossiles au détriment des mécanismes naturels et en particulier la richesse naturelle de la vie des sols. C'est affirmer qu'on ne peut plus sacrifier l'environnement sur l'autel de l'accroissement des rendements. Vous comprenez mieux désormais pourquoi l'accueil de ce discours par la profession agricole fut pour le moins glacial. Il faut imaginer le regard médusé des représentants nationaux de la FNSEA lorsque le ministre rappelait avec force que l'activité des vers de terre dans nos sols était bien plus utile à l'agriculture que le glyphosate ou le tracteur dernier cri ! Nous étions au mieux de doux rêveurs, au pire les fossoyeurs à venir de l'agriculture française.

Bien heureusement, à force de conviction et de pédagogie, les esprits ont évolué au cours de la dernière décennie. On a d'abord constaté la faiblesse croissante des rendements de notre production et de sa dépendance de plus en plus grande aux intrants qu'ils soient chimiques ou liés aux énergies fossiles. On a également pris conscience qu'un sol fertile pouvait être « une usine biologique et un formidable bouillonnement de biodiversité[1] ». Contrairement aux discours tenus par la droite, l'extrême droite et une partie du syndicalisme agricole, sortir de la dépendance aux intrants, ce n'est pas revenir à la préhistoire et ce n'est surtout pas être moins

1. Stéphane Le Foll, *La première graine*, Paris, Calmann Lévy, 2017.

productif. C'est en soi une victoire culturelle pour la gauche écologiste qu'il nous faut assumer et prolonger.

On a ensuite compris que ce même sol pouvait être un levier puissant face à l'urgence climatique. Après des décennies de destruction des sols, il s'agit de les régénérer en réapprenant à produire autrement. Ce paradigme nouveau fut à l'origine de la loi d'avenir de l'agriculture en février 2013, mais aussi de l'initiative « 4 pour 1000 » promue par Stéphane Le Foll à l'échelle internationale. Le principe est le suivant : en augmentant de 0,4 % la quantité de carbone stockée dans les sols par les pratiques agroécologiques, on compenserait l'ensemble des émissions de gaz à effet de serre des activités humaines en une année sur la planète. Il fut signé lors de la COP21 à Paris en 2015 et s'articule désormais autour d'une organisation officialisée lors de la PAC22 à Marrakech. Un beau chemin parcouru.

L'autre prise de conscience récente concerne l'eau. Le cycle de l'eau est doublement menacé, à la fois par les prélèvements excessifs de l'homme à des fins agricoles et industrielles en particulier et par le dérèglement climatique induit de façon générale par l'activité humaine. En résultent des phénomènes extrêmes de plus en plus récurrents, à l'image de la sécheresse historique de 2022 à laquelle a succédé une sécheresse hivernale. Il va falloir s'habituer à des températures plus élevées hiver comme été, à des précipitations plus rares et brutales sur des sols desséchés accroissant le risque d'inondation. Il faut nous préparer à voir fondre le manteau neigeux de façon plus précoce, rendant l'eau moins disponible quand elle est la plus nécessaire : l'été. Nous devons anticiper un réveil de la végétation lui aussi plus précoce, ce qui empêchera le remplissage naturel des nappes phréatiques. Bref, il faut nous préparer à manquer d'eau.

Les agriculteurs, premiers acteurs économiques impactés par cette raréfaction, nous interpellent légitimement pour qu'il leur soit fourni l'eau dont ils ont besoin pour continuer à produire. Que leur dit la gauche au niveau national ? Qu'il faut mettre fin aux méga-bassines. Et après ?

De leur côté, les élus de droite et d'extrême droite ne s'embarrassent guère et se contentent d'ânonner l'imparable slogan : « Il n'y a pas d'agriculture sans eau. » En gros, « changez rien ». Cette attitude est d'une lâcheté et d'une irresponsabilité sans nom. Il faut avoir le courage de dire à nos agriculteurs qu'il n'y aura pas d'agriculture viable sans diminution de la consommation en eau. Cette exigence va nécessiter un accompagnement massif pour adapter les modèles de production : rotation des cultures, agroforesterie, abandon du labour, irrigation goutte à goutte, recherche sur des variétés plus résistantes grâce à la recherche, en particulier de l'Institut national de la recherche agronomique (INRAE). Une fois de plus, l'agroécologie n'est pas une option, elle est un prérequis à l'agriculture de demain, qui doit se traduire dans la future politique agricole commune.

Cette agriculture moins gourmande en intrants sera également moins gourmande en foncier par exploitation. Elle nécessitera en revanche davantage de connaissance, de recherche, de productivité naturelle des sols et surtout de femmes et d'hommes pour la mettre en place.

Le repeuplement des campagnes n'est donc pas lui non plus une option, mais un nouvel horizon que doit se fixer la gauche pour être cohérent avec ses objectifs sociaux et agro-climatiques.

L'exode urbain est souhaité, rendons-le possible !

La gauche se targue d'avoir renoué avec une forme de radicalité, en particulier au travers des campagnes présidentielles de Jean-Luc Mélenchon ainsi que du programme de la NUPES. Pourtant, nous l'avons vu, cette forme de radicalité ne correspond pas aux attentes d'une grande partie des habitants des campagnes. Il est temps d'appliquer une forme de radicalité au service d'un nouveau projet de société : la renaissance rurale. Celui-ci passe par une politique générale de reconquête des services publics dans le monde rural. D'un service public à marée basse, nous devons remonter la marée au plus près des besoins des habitants, jusque dans ces « premiers kilomètres » si décisifs pour se projeter dans un quotidien soutenable, rassurant et épanouissant. La tendance doit donc être inversée. Pas simplement comme la réparation d'une injustice mais comme un investissement social et écologique pour un nouvel avenir désirable : faire en sorte que nous soyons plus nombreux à pouvoir vivre heureux à la campagne.

Ce projet radical doit s'articuler autour de quatre grandes priorités d'investissement et de régulation : la santé, le logement, l'accompagnement du grand âge et les mobilités. Il devra donner lieu à une grande réforme fiscale. Pas simplement une politique de redistribution sociale – indispensable par ailleurs –, mais une redistribution territoriale, après des années d'un déséquilibre coupable, tous gouvernements confondus.

D'abord, en finir avec les déserts médicaux

La meilleure façon de se donner des chances d'accueillir de nouveaux habitants, c'est de ne pas en perdre davantage. Or une des menaces principales qui pèse sur la dynamique démographique des campagnes, c'est le maintien de l'accès à la santé. L'exode des médecins précède l'exode rural, comme le désert médical préfigure le désert tout court.

J'entends ceux – en général des urbains – qui affirment que la France entière est un désert médical. Dans les statistiques peut-être, dans la « vraie vie » sûrement pas. Encore un décalage qui rend fou l'élu rural que je suis. Je m'explique. Nous manquons en effet de médecins à peu près partout en France. Le numerus clausus fut une erreur historique fondée sur l'idée absurde qu'en limitant le nombre de médecins, on maîtriserait le budget de la Sécurité sociale. Résultat, nous avons un double déficit : de la Sécu et surtout de médecins.

Venons-en aux conséquences. J'entends que, dans les métropoles, la prise d'un rendez-vous chez un généraliste et plus encore chez un spécialiste est plus longue qu'auparavant et que bon nombre de familles ne trouvent plus de médecins traitants. Sachez-le, cela vaut aussi à la campagne, à quelques différences près : en l'absence de médecins, ce sont non seulement des mois qu'il faut attendre, mais des dizaines, parfois plus d'une centaine de kilomètres qu'il faut effectuer chez un médecin dans une grande ville ! CQFD. Et pas en métro ni en trottinette. Au prix actuel du carburant, autant dire que cela devient très cher de se faire soigner, sans parler de l'angoisse que cela génère pour les personnes – souvent âgées – en incapacité de conduire. Je précise pour que chacun comprenne bien la situation que près d'un Lotois sur deux n'a pas de médecin dans sa commune. Pas une réunion publique, pas un repas en famille ou entre amis où il n'en est question dans nos campagnes.

J'ajoute un élément important qui échappe à beaucoup d'analyses urbaines : les écarts d'accès aux soins entre territoires doivent être précisés. Lorsque le directeur de la Caisse nationale de l'Assurance-maladie (CNAM) estime qu'il faudrait en moyenne 1 médecin pour 1 200 patients[1], il s'agit là d'une moyenne statistique qui ne dit rien des réalités vécues. Dans les métropoles étudiantes, la population jeune qui y vit n'a recours à un médecin qu'à quelques reprises dans l'année. À l'inverse, nos aînés qui peuplent majoritairement nos villages s'y rendent de façon beaucoup plus régulière pour des raisons que chacun peut comprendre.

À l'arrivée, les écarts de recours aux soins sont insupportables. Selon une étude réalisée par l'Association des maires ruraux de France (AMRF) publiée le 13 novembre dernier[2], les patients résidant dans les communes rurales consomment 20 % de soins hospitaliers en moins que les urbains. Plus on vit loin, moins on est soignés. L'absence de médecins et l'éloignement des plateaux techniques hospitaliers

1. Entretien donné par Thomas Fatôme. Voir « Médecine libérale : "Il faut parler de revalorisations et de contreparties avec les médecins" », *Le Monde,* 20 septembre 2022.

2. « Études sur la santé en milieu rural #3 Le recours aux soins hospitaliers », AMRF, novembre 2023.

des territoires ruraux y sont pour beaucoup. La distance avec les CHU crée des inégalités inadmissibles dans les chances qu'aura un patient de se faire opérer. Si vous êtes victimes d'un AVC, vous aurez bien plus de chances de survivre si vous êtes dans le centre de Paris ou de Toulouse qu'en plein milieu du causse du Lot ou du Larzac… Cette mise en perspective me paraît indispensable pour justifier les mesures quelque peu radicales que je propose avec d'autres.

Bien que le numerus clausus ait été (enfin !) réformé, nous manquerons de médecins pendant une bonne dizaine d'années au moins, si tant est que l'État investisse pour former davantage de médecins sur les bancs de l'université. Au cours de cette période, nous devons construire un nouveau pacte entre la nation et ses médecins. Ainsi que le propose Guillaume Garot dans sa proposition de loi transpartisane, une régulation s'impose avec, a minima, la mise en place d'un conventionnement sélectif empêchant les médecins de s'installer là où la couverture médicale est déjà satisfaisante. Pour ma part, je n'écarte pas l'idée d'une régulation plus contraignante dans les premières années d'exercice en échange d'une revalorisation de la consultation. La présence des médecins n'est pas moins essentielle que celle des enseignants ou des gendarmes.

Dans le même temps, nous devons mettre le paquet sur la montée en compétences et la responsabilisation de professionnels, tels que les infirmières et les pharmaciens afin de leur déléguer davantage d'actes médicaux. Le financement de formations pour devenir infirmière en pratique avancée doit notamment être très fortement soutenu, afin de soulager les médecins d'un certain nombre d'actes.

Enfin, la situation extrêmement dégradée des hôpitaux de proximité doit être regardée avec la plus grande attention. De leur maintien, de leur articulation au niveau départemental et de leur renforcement dépend tout l'écosystème médical et l'accès élémentaire aux soins. Il faut arrêter de se mentir. Cela fait longtemps que le système de santé français n'est plus la référence qu'il a été. Les premiers à le voir et à le dire sont les habitants des territoires ruraux qui font de moins en moins confiance à leur hôpital de proximité dont la situation se dégrade d'année en année. En dépit de l'engagement admirable des personnels du soin, ces derniers sont les premières victimes de ce sous-investissement. La pression est d'autant plus forte, le travail épuisant, le moral au plus bas. Ça tient encore, mais jusqu'à quand ?

« *Notre maison vieillit et on regarde ailleurs*[1] »

Nos aînés le restent de plus en plus longtemps, voilà une excellente nouvelle pour

1. Expression empruntée à Jérôme Guedj.

nous tous ! Un peu moins pour notre système de retraite et pour nos services publics. Nous sommes là aussi très loin du compte et en réalité déjà au pied du mur, pour ne pas dire au bord du précipice, en particulier en milieu rural. Selon les projections de l'Insee, dans un département comme le Lot, la part de séniors de 75 ans et plus va quasiment doubler d'ici à 2050. Quant aux 85 ans et plus, selon les hypothèses hautes, le nombre d'habitants de 85 ans et plus va tripler dans les cinquante prochaines années, avec une nette accélération à partir de 2030, autant dire demain.

Ce défi vaut bien sûr au niveau national, mais son ampleur est sans commune mesure en milieu rural et a fortiori dans des ruralités modestes comme le sont la plupart de nos campagnes éloignées des littoraux ou des zones frontalières. Les aides à domicile disponibles sont bien moins nombreuses que dans les centres urbains et leurs déplacements sont épuisants, avec des trajets interminables. Dans le Lot, plus de 150 candidats manquent aujourd'hui à l'appel. Le maintien à domicile est pourtant essentiel pour des familles dont les revenus ne leur permettent pas de financer une place en Ehpad. Il y a un peu plus d'un an, j'en discute avec François, un ami boulanger dans le Lot qui livre son pain à domicile. Voyant que je peine à croire les vies de solitude qu'il me décrit, il me propose de le suivre dans sa tournée. Chiche ! Rendez-vous est donné devant le four de la boulangerie comme tous les matins, 5 h 40. Il va prendre son pain et moi je rentre dans son véhicule pour une tournée des points de dépôt de pain puis des particuliers. Toute la matinée, nous sillonnons les routes et entrons dans les maisons. La première cliente nous attend bien apprêtée devant son portail : « Elle commence sa journée toujours à la même heure. Tu comprends, elle n'a plus beaucoup de famille, c'est un moment important pour elle, je dois être une des rares personnes à qui elle parle dans la semaine avec l'infirmière et peut-être l'aide à domicile. » D'autres, plus âgés, ne peuvent plus faire cet effort. Nous entrons dans un salon sombre. Devant nous, un homme, l'odeur du café et un long silence. Le regard des autres ne compte plus, la visite tourne court, il règle presque sans un mot. En repartant, je me dis que cette solitude est profonde et qu'elle va durer des années pour lui comme peut-être demain pour nous. C'est là un des obstacles les plus coriaces à la prise de conscience du défi du vieillissement, de ce vieillissement. Ces vies qu'on imagine, on pense qu'on ne les aura jamais. C'est aussi pour ça que François continue ses tournées, alors que le prix du carburant a depuis longtemps anéanti tout espoir de bénéfice.

Une amie aide à domicile m'avoue récemment, entre dépit et colère, qu'elle n'avait pas le temps de faire toutes les visites programmées en raison du manque d'effectifs, qu'il lui fallait faire elle-même un choix entre des cas plus sensibles ou urgents que d'autres, entre les personnes plus isolées que d'autres. La souffrance au travail naît aussi de ce sentiment de ne pas pouvoir l'accomplir comme on le juge nécessaire.

Le besoin d'accompagnement de qualité est colossal pour ces futurs millions de femmes et d'hommes menacés du possible prochain mal du siècle : la solitude. Il faudra également inventer de nouvelles structures plus médicalisées pour le très grand âge, mais aussi des structures adaptées pour les personnes handicapées qui elles aussi vivent plus longtemps.

La tâche est immense. Une loi grand âge a été annoncée en juin 2018 par le président Macron. On l'attend toujours. Elle est pourtant urgente. Le modèle des Ehpad doit être repensé, les aides à domiciles soutenues, les logements adaptés, tout comme l'espace et les services au public. Les chantiers sont nombreux. La gauche doit faire de la proposition de loi de Jérôme Guedj une priorité. Je suis convaincu que ce combat rassemblera toutes les générations, tous les milieux sociaux et tous les territoires, urbains comme ruraux.

Mobilité et inflation : la grande inégalité entre urbains et ruraux

Un tiers des Français possède une voiture. Dans la vie rurale, la dépendance à la voiture est extrêmement forte, un ménage ayant besoin de un à deux véhicules pour assurer les liaisons quotidiennes de natures diverses : pour se rendre au travail, bien sûr, pour permettre aux enfants d'avoir accès à des activités sportives ou culturelles ou encore pour rendre visite à des parents isolés. Pour certaines de ces liaisons, en particulier l'activité professionnelle, la distance peut être importante et l'on aurait tort de sous-estimer l'utilisation pour de très courts trajets. En moyenne, un Lotois parcourt 21 kilomètres par jour[1]. Lorsqu'on sait que 42 % des ménages en possèdent deux, au prix actuel du carburant et avec des véhicules en grande partie classés dans les catégories les plus consommatrices, la facture grimpe extrêmement vite. En comparaison, l'usager des trottoirs, des pistes cyclables ou des transports en commun est à ce titre extrêmement protégé et ce d'autant que l'employeur prend souvent en charge une partie du financement du transport collectif, qui n'est que très rarement le cas lorsqu'on se déplace en voiture.

Aujourd'hui, des solutions se développent, une ambition nouvelle réapparaît peu à peu pour le ferroviaire, en particulier avec les trains du quotidien et ça marche. Il suffit pour s'en convaincre d'observer le succès remporté par la politique menée en la matière par Carole Delga en Occitanie. Grâce à une plus grande fiabilité

1. Source Insee, recensement de la population 2019.

des horaires, à la gratuité pour les jeunes et des prix attractifs et dégressifs à mesure qu'on utilise fréquemment le train, en quatre ans, la fréquentation des TER en Occitanie a presque doublé ! À ce titre, l'idée de créer des RER métropolitains ne doit en aucun cas se substituer aux investissements dans les TER, sans quoi nous serions à contre-sens de l'histoire en encourageant une fois de plus l'étalement urbain au détriment de la renaissance rurale et de l'équilibre entre territoires urbains et ruraux.

D'autres réflexions doivent être menées avec l'organisation de nouveaux schémas de déplacements locaux autour du covoiturage, de voies vertes pour les vélos électriques, en se fixant des objectifs concrets, comme celui de « lâcher la deuxième voiture » lancé par Loïg Chesnais-Girard en Bretagne. On sait néanmoins que toutes ces politiques nouvelles en matière de transports demandent du temps. Elles ne pourront donc pas faire l'économie de mesures directement ciblées en faveur de ceux qui ne peuvent pas se passer de la voiture dans leur vie de tous les jours.

Au-delà du prix du carburant, c'est l'inflation en général qui touche davantage les ruraux, en particulier les personnes âgées et les revenus modestes. Prenons un autre cas symptomatique, celui de l'énergie. D'après l'Insee, les énergies pèsent 2,5 fois plus dans le budget des ruraux que des Parisiens. On ne peut pas dire que les salaires suivent cette proportion !

Si l'on entre dans le détail, on en comprend rapidement les raisons : une résidence sur trois a été construite avant 1970 et une sur quatre est chauffée au fioul, contre autour de 10 % à l'échelle nationale. Étant moi-même dans ce cas, j'ai pu mesurer là aussi l'alourdissement récent de la facture… Un élément qui n'a d'ailleurs pas échappé à Marine Le Pen qui l'a évoqué lors du débat entre les deux tours de l'élection présidentielle, marquant une empathie et des points vis-à-vis des millions de Français qui vivent cela et en souffrent. Avant d'engager toute proposition, la gauche doit adopter cette empathie si elle veut être entendue, à commencer par la demande de sécurité. Oui, la gauche doit assumer, comme sous le quinquennat Hollande, la création de postes de policiers et de gendarmes. Lorsqu'à l'automne dernier, une commune comme Figeac (10 000 habitants) apprend qu'elle ne sera pas dotée d'une brigade de gendarmerie, c'est une déception et un handicap supplémentaire. Lorsque des cambriolages ou des débordements liés à des trafics surviennent, la distance avec une brigade mobile empêche toute intervention rapide et au-delà toute prévention. On a grand tort de négliger la propagation des trafics et de la délinquance dans nos sous-préfectures. Il est temps que la gauche cesse d'avoir le verbe honteux sur cet enjeu.

Logement : pour une sobriété et une redistribution résidentielles

L'accès à la propriété individuelle et à un logement de qualité en milieu rural reste un impensé du logiciel de gauche. Il est pourtant légitime et indispensable pour que se développent nos villages. Bien que le prix de l'immobilier soit incomparable avec les sommets atteints au cœur des métropoles, les biens dans nos campagnes se font plus rares et donc plus chers, si bien que les jeunes couples ont souvent du mal à accéder à la propriété là où ils vivent. Quant au locatif, il est souvent trop rare.

Le premier objectif que nous devons nous fixer est la reconquête des centres-bourgs. Nous en sommes aux balbutiements, avec des programmes tels que Petites villes de demain. C'est hélas trop limité à ce stade en matière de moyens, en particulier pour des communes de 400, 600 habitants, qui ont tout autant besoin de repenser leur développement que les préfectures et sous-préfectures. Or de profondes inégalités existent entre collectivités, toutes n'ayant pas les moyens de solliciter l'expertise nécessaire. D'où l'intuition qu'a eue Serge Rigal, président du conseil départemental du Lot, de créer le dispositif Villages A-venir, qui met à disposition des communes une ingénierie complète composée d'architectes, urbanistes, paysagistes, spécialistes du développement local pour penser l'avenir du village à vingt ou trente ans. C'est ce travail de prospective qui devrait être mené dans chaque village de France, y compris pour le préparer à accueillir de nouveaux habitants.

Ce travail de prospective doit être complété par une politique de reconquête des logements. L'ambition de mettre un coup d'arrêt à l'artificialisation des sols est une excellente chose. Néanmoins, son application uniforme à la ville comme à la campagne, telle que prévue initialement dans la loi ZAN, pose un réel problème, favorisant les métropoles ayant trop bétonné ces dernières années au détriment des villages restés sobres pour ne pas dire sages en la matière. C'est la dynamique inverse qu'il faut désormais favoriser en mettant fin à l'étalement urbain des métropoles et en donnant un peu de souplesse aux maires dans les villages, à condition que son utilisation soit vertueuse d'un point de vue environnemental.

Ne nous faisons pas trop d'illusions pour autant, la construction de nouveaux logements sur du foncier supplémentaire sera marginale eu égard au besoin de maintien de la biodiversité. Il faut donc aller plus loin dans la sobriété et la redistribution résidentielles.

Au-delà de la question des « dents creuses[1] » qui émaillent nos hameaux, c'est parmi les logements existants que nous devons agir. Disons

1. Espaces non construits souvent issus de l'activité agricole, entourés de parcelles bâties.

les choses clairement : le nombre de logements vides en France est un scandale. Certains sont vacants pour des raisons d'insalubrité. Il faut alors que la puissance publique puisse intervenir directement pour ne pas les laisser à l'abandon et les remettre à disposition de nouveaux habitants. D'autres le sont pour des problèmes inextricables d'héritage : la loi doit être simplifiée afin de pouvoir reprendre le contrôle de ces biens en cas de trop long blocage. Enfin, il y a le cas des résidences secondaires. Alors que les logements manquent pour les jeunes actifs, je n'en peux plus de voir ces volets fermés toute l'année, à l'exception d'une semaine ou deux l'été[1]. Il faut être capable de dire stop à ce qui s'apparente de plus en plus à une confiscation foncière et en appeler à une forme de sobriété résidentielle. De la même façon que des ressources comme l'eau deviennent rares et doivent être préservées et mieux partagées, il n'y a aucune raison qu'il n'en aille pas de même pour le logement, aucune raison que certains se paient le luxe, en plus de leur résidence en plein cœur de Paris, d'en acquérir une sur la côte Atlantique, une autre à la campagne et une dernière pour les vacances à la montagne. Le logement doit être mieux partagé, quitte à

1. Lire l'excellent ouvrage de Benjamin Keltz, *Bretagne secondaire. Une année au pays des volets fermés*, Langrolay-sur-Rance, Les éditions du coin de la rue, 2023.

fiscaliser sévèrement les résidences quasi non occupées, taxer la surconsommation d'espace ou encore l'accumulation de logements en Airbnb, les recettes obtenues devant être entièrement affectées à une véritable agence de rénovation rurale qui aurait pour objectif de financer massivement les investissements nécessaires à cette renaissance rurale.

C'est cette vision d'ensemble qu'il faut poursuivre, car si on ne met pas à disposition davantage de logements, la lutte contre l'artificialisation des sols va rendre impossible l'accession à la propriété d'une maison individuelle pour les classes populaires et les classes moyennes. Aujourd'hui déjà, il devient parfois impossible pour des couples de jeunes de vivre sur la terre de leurs parents et grands-parents. La colère monte, pas simplement sur les littoraux basques ou bretons et pas uniquement non plus sur la question des logements Airbnb. L'enjeu est plus général, il s'agit de l'accaparement excessif des logements au profit de quelques-uns qui pourrait prochainement donner lieu à des soulèvements potentiellement violents. Il est inconcevable que la campagne soit réservée à ceux qui en ont les moyens ou se paient le luxe d'en profiter quelques semaines dans l'année. Qui irait alors s'installer dans les campagnes pour habiter un appartement sans accès à l'extérieur ?

Disant cela, je pense notamment à ces millions de familles habitant dans des quartiers populaires, qui pour beaucoup n'ont d'ailleurs jamais croisé une vache ou couru dans un pré. Pourquoi ne pas leur permettre si elles le souhaitent de s'installer en milieu rural et d'imaginer une tout autre vie avec une maison, un jardin et une tranquillité nouvelle ?

Voilà une belle ambition sociale et environnementale pour la gauche : donner accès à un logement de qualité à ceux qui souhaitent rester vivre à la campagne ou qui aimeraient s'y installer.

Apprendre et travailler à la campagne, un idéal de vie bonne

Au-delà de ces politiques sur lesquelles une radicalité nouvelle est attendue, je suis convaincu que la renaissance des campagnes passera aussi et surtout par la promotion de la vie meilleure que chacun peut espérer y trouver. Commençons par la scolarité de nos enfants. Il va de soi que l'encadrement et l'accompagnement des élèves dans nos communes rurales n'ont rien à voir avec celui des grands collèges des métropoles. L'ensemble de la communauté éducative connaît chacun des élèves, de même que le lien de proximité entre l'équipe pédagogique et les parents est moins distant, idem entre parents eux-mêmes. On peut élargir cette réflexion aux activités périscolaires : les liens avec les éducateurs sportifs ou culturels des associations du coin sont également facilités, ce qui peut aider à mieux déceler parfois des fragilités ou problèmes personnels chez les élèves. Ayant effectué ma scolarité dans un collège toulousain, je mesure en me rendant dans les collèges de mon canton à Puy-l'Évêque ou Prayssac dans le Lot la chance qu'ont ces élèves de bénéficier d'un tel cadre d'apprentissage. Sans parler bien sûr de la qualité des repas à base de produits locaux.

Il se trouve que la tendance démographique naturelle est à la baisse dans nos campagnes. Au lieu de suivre une logique comptable, dont Bercy a le secret et, hélas, bien souvent le réflexe, arrêtons de fermer les classes et les école et renversons le sujet en faisant de cette perspective une chance à saisir, un atout supplémentaire pour attirer des parents soucieux de voir leurs enfants apprendre dans d'excellentes conditions. La ruralité doit être un paradis éducatif qu'il nous faut préserver et développer, y compris s'agissant des études supérieures.

Bientôt Sciences Po Puy-l'Évêque ? Étudier depuis la campagne pourrait en effet être un autre levier puissant de réduction des inégalités. Parmi les lycéens lotois, seule une minorité poursuit ses études dans l'enseignement supérieur. Des freins psychologiques existent. Beaucoup se disent « que ce n'est pas pour eux ». D'autres pensent que « ça ne sert à rien d'investir du temps et de l'argent pour un avenir incertain ». Mais beaucoup y renoncent parce que cela coûte trop cher pour eux et leurs parents d'assumer le coût de la vie étudiante, et en particulier du logement en ville.

Il suffit de constater les terribles files d'attente devant les distributions alimentaires pour comprendre que la perspective de faire des études dans les métropoles rebute les familles rurales modestes. Depuis une vingtaine d'années, des efforts ont été entrepris pour installer des BTS, IUT ou des premiers cycles d'université dans les villes-préfectures, plus rarement en sous-préfecture. Cette politique tout à fait louable touche des limites évidentes. On ne pourra évidemment pas faire sortir de terre des annexes universitaires dans chaque grande commune rurale, pas même dans chaque préfecture. En revanche, le développement du télé-apprentissage est une chance historique dont nous devons nous saisir pour démocratiser beaucoup plus largement l'accès aux études supérieures.

Je ne crois pas au 100 % distanciel. Le fait de fréquenter les professeurs, mais aussi les autres étudiants, d'échanger, de partager des vécus et ambitions étudiantes comme professionnelles fait partie de l'apprentissage et de la maturation d'un projet personnel. Hors de question de supprimer les soirées étudiantes ! Néanmoins, on pourrait imaginer un temps d'apprentissage en présentiel obligatoire plus limité, de sorte que le besoin de logement en ville ne soit pas permanent, mais ponctuel. Les chambres étudiantes ne seraient pas attribuées annuellement, mais ponctuellement en fonction des journées en présentiel. Cela va bien sûr de pair avec une politique de transports gratuits pour les étudiants depuis leurs localités rurales jusqu'à la ville concernée. Mon propos ne consiste pas à dire que les enseignements doivent progressivement quitter le mode présentiel, mais que la possibilité de les suivre en visioconférence doit être élargie pour permettre son accès au plus grand nombre. Pour éviter leur isolement et favoriser les échanges et l'émulation entre étudiants, des nouveaux lieux d'apprentissage pourraient être créés dans les sous-préfectures, y compris avec des lieux de vie commune adaptés.

Cette perspective aurait pour autre conséquence positive de diminuer la pression locative dans les métropoles en organisant autrement la politique de logement étudiant. De la même manière, cela permettra de désengorger en partie les transports individuels et collectifs. Quand on est habitant de ces métropoles, on se rend très vite compte des périodes de vacances des étudiants : ça roule mieux !

Voilà un prolongement concret et efficace de l'idée de sobriété résidentielle et plus largement de rééquilibrage démographique entre territoires à laquelle s'ajoute une démocratisation de l'accès au savoir, aux études supérieures et, in fine, à des emplois plus qualifiés.

J'ajoute un élément à cette réflexion qui est tout sauf accessoire. Au-delà de l'intérêt que peut y voir chaque jeune dans son propre parcours, cette perspective peut également permettre de garder cette jeunesse dans nos territoires, elle qui souvent les quitte par nécessité pour les études ou l'emploi. Non pas qu'il faille retenir les jeunes à tout prix, mais ces quelques années supplémentaires passées dans nos villages seraient précieuses pour animer le réseau associatif, venir en aide à nos aînés, parfois travailler localement pour arrondir ses fins de mois. Elles peuvent même être décisives pour leur donner envie de s'y installer par la suite en y développant leur activité. Le signal est puissant : l'avenir n'appartient pas qu'à la ville, il peut se construire dans nos campagnes.

Parlons également du cadre de travail. Travailler à la campagne en 2023 n'a plus rien à voir avec les clichés d'antan. D'ailleurs, la crainte de ne pas avoir accès à une connexion disparaît peu à peu des freins à l'installation évoqués par les urbains et pour cause, prenons le cas du département du Lot, la fibre couvre désormais la quasi-totalité des foyers, soit bien mieux qu'un pays comme les États-Unis, qui devraient atteindre cet objectif en 2030. Cela ne s'est pas fait en un jour et nombreuses furent les communes à s'impatienter. Il faut néanmoins bien mesurer l'investissement colossal que cela a pu représenter. Le déploiement de la fibre dans un département comme le Lot revient à mettre en place un raccordement équivalent à la distance entre Cahors et Tokyo ! Était-ce une politique de gauche ? Absolument ! Il ne fallait imaginer aucune rentabilité à court terme, comme il ne faut pas miser sur la rentabilité des mobilités collectives ou de la prise en charge de nos aînés.

Aujourd'hui, nous sommes prêts, comme le seront la plupart des territoires ruraux dans les années qui viennent. Pas simplement pour rattraper un retard avec les zones urbaines, mais parce que la connectivité et le télétravail font désormais de l'économie rurale un formidable réservoir d'innovation. Les usines d'antan laissent peu à peu la place à des structures à taille humaine, à des espaces de coopération qui favorisent la création d'entreprises. Les familles nouvellement installées que je croise n'en reviennent pas de pouvoir travailler dans ces conditions, avec de l'espace, du temps pour soi, pour sa famille, une façon plus sobre de consommer et du lien, beaucoup de liens et de solidarité. De ces activités professionnelles naissent d'ailleurs souvent des initiatives associatives, souvent en lien avec l'environnement ou le patrimoine local.

J'ajoute un dernier point sur ce sujet : je crois à une meilleure répartition des populations migrantes sur le territoire et notamment à une politique d'immigration à échelle humaine dans nos campagnes. Sans angélisme aucun, je crois aussi à son acceptation par les populations qui y vivent si elle est encadrée, accompagnée, qu'elle est liée au travail, à une insertion dans la vie de la commune. J'en fais l'expérience lorsque j'en parle sur le terrain dans le Lot, l'arrivée de nouvelles familles issues de l'immigration peut être perçue comme l'espoir de repeupler des villages, de maintenir les écoles, les commerces et l'activité en général. Qui s'occupera demain de nos aînés ? Qui leur rendra visite à domicile sans nouvelles populations sur notre territoire ? La longue histoire des migrations en milieu rural qu'elles soient portugaises, espagnoles, italiennes ou polonaises doit se poursuivre. Je suis d'ailleurs intimement convaincu que nos campagnes sont une excellente voie d'intégration, y compris en raison de l'origine rurale, voire paysanne, de beaucoup de migrants actuels.

Contrairement aux idées reçues, une politique d'immigration sur mesure serait une excellente façon de faire reculer le vote RN : par l'ouverture à l'autre qu'elle permet et parce qu'elle participera à la renaissance de nos villages.

Conclusion
La gauche et le point de bascule

Nous sommes à un point de bascule à tous les niveaux. Le destin de notre pays est sur le point de glisser vers un pouvoir populiste. Après les États-Unis, le Brésil, l'Argentine ou plus près de nous la Hongrie, l'Italie et les Pays-Bas, la probabilité que la France soit prochainement dirigée par un gouvernement d'extrême droite n'a jamais été aussi grande pour ne pas dire aussi proche.

Une partie de ce destin se joue en ce moment même dans nos campagnes. Déclassées, oubliées depuis le lendemain de la Seconde Guerre mondiale, elles voient prospérer le vote RN sur le terreau de ces angoisses. Ses dirigeants l'ont bien compris, c'est là, dans cette colère et dans ces territoires, que réside le réservoir de voix qui peut permettre demain au RN d'accéder au pouvoir. Ce risque n'a rien d'une fatalité. Nos campagnes se situent elles aussi à un point de bascule dans leur histoire. La tendance s'inverse, confirmée depuis la pandémie : les urbains sont de plus en plus nombreux à vouloir changer de vie et s'installer dans nos campagnes. On ne construit rien sur un désert. Il est donc urgent d'accompagner massivement ce mouvement avant que ne disparaissent d'autres écoles ou commerces. La possibilité d'un rééquilibrage territorial se joue dans la même décennie que doit s'opérer le déclic climatique et ça tombe bien : l'un participe de l'autre !

La gauche se situe elle aussi à un point de bascule dans son histoire. Longtemps plébiscitée par les classes populaires, implantée dans nos usines comme dans nos campagnes, la gauche a su porter un espoir de changement qui lui permit à quelques reprises d'accéder au pouvoir. La tentation est grande aujourd'hui de se replier dans le cœur des métropoles qui lui sont favorables, de se vautrer dans le confort de l'opposition et de la fonction tribunitienne, en se contentant de diriger des collectivités locales. Cela a déjà existé et cela a même porté un nom : la SFIO. Mais le temps n'est plus aux Trente Glorieuses et à l'illusion du progrès perpétuel. Il est à la menace populiste et à l'urgence climatique.

Notre génération de militants et élus de gauche va devoir faire un choix fondamental. Soit elle se considère comme une lanceuse d'alerte permanente, une sorte d'avant-garde éclairée, élitiste. Elle aura certes eu raison avant et mieux que tout le monde, mais elle n'aura servi à rien. Soit elle se donne l'ambition de changer la vie des gens et de tenter de préserver la planète. Pour y parvenir, elle devra à un moment convaincre plus d'un électeur sur deux; et donc reprendre pied dans les territoires, accepter de se remettre en question, de se cogner au réel, d'aller écouter et comprendre toutes ces femmes et ces hommes qui ne nous supportent plus, d'être à leurs côtés, de trouver des réponses à leurs problèmes, d'en être les porte-paroles. Cela ne veut pas dire que la gauche doit renoncer à ses idées, pas même à la radicalité ni même à la conflictualité. Elle doit déplacer sa radicalité, la mettre au service d'un projet rassembleur pour le pays sans rien changer de ses idéaux. La renaissance de nos campagnes doit être au cœur de ce projet parce qu'elle est au cœur de la révolution écologique et sociale que nous devons bâtir.

Remerciements

À mes parents à qui je dois tout.

Aux Lotois à qui je dois tant.

À Mélanie et Ariane à qui je dois d'avoir cru en moi.

À Élise et Camille à qui je dois quelques verres de Cahors pour m'avoir si longuement relu, écouté, contredit, bref, supporté !

À Véronique, Geneviève, Maxime, Julien, Yves, Franck, Fanny, Sébastien et tous les amis du canton de Puy-l'Évêque qui auront raison de m'en réclamer quelques-uns pour avoir outrageusement puisé mon inspiration dans nos discussions !

À Serge Rigal et mes collègues élus au département auprès de qui j'apprends tous les jours l'art difficile, mais noble de rendre la politique concrète et utile aux autres.

À Marie-France Lafargue, Arzu Yasar, Kader Arif, François Hollande, Gwendal Rouillard, Isabelle Sima et Stéphane Le Foll qui furent successivement mes guides dans cet apprentissage.

À Denis Meliet, qui avait compris avant tous les autres la noblesse du plouc.

À Olivier Mongabure qui m'apprend chaque « jour » à en être digne en s'enrichissant sans cesse des autres.

Enfin, un immense merci à Jérémie Peltier d'avoir cru en ce projet et à Aline, Adèle, Marie et toutes les équipes de la Fondation Jean-Jaurès et des éditions de l'Aube de l'avoir rendu (si vite !) possible.

Table des matières

Introduction 9

De quoi la gauche est-elle devenue le nom ? 13

Nous sommes regardés 14

Le camp du bazar 17

Le camp des bobos des métropoles 19

Le camp des donneurs de leçons et d'interdits 22

Le camp de la paresse 26

Le risque de disparition de la gauche rurale est bien réel 31

Le Parti socialiste en chute libre : un ancrage local inopérant pour l'élection présidentielle 32

La gauche « renaîtra par les territoires ». Ou pas 39

Le changement, c'est Marine 50

2012-2023 : décevante au pouvoir, effrayante dans l'opposition, la gauche a perdu son crédit rural 52

Le pari de la renaissance rurale 75
Changer de méthode : repartir du réel
pour repenser notre idéal 75
Pour une utopie nouvelle : repeuplons
nos campagnes ! 79
L'exode urbain est souhaité,
rendons-le possible ! 95

Conclusion
La gauche et le point de bascule 119

Remerciements 123

Reconnue d'utilité publique dès sa création, la Fondation Jean-Jaurès est la première des fondations politiques françaises. Indépendante, européenne et sociale-démocrate, elle se veut depuis trente ans un lieu de réflexion, de dialogue et d'anticipation. Les partenariats éditoriaux qu'elle engage répondent à l'ambition de faire naître analyses pertinentes et propositions audacieuses, mais aussi de mettre cette production intellectuelle et politique au service de tous. Laurent Cohen et Jérémie Peltier sont directeurs des publications de la Fondation Jean-Jaurès.

Retrouvez notre catalogue sur
www.editionsdelaube.com

Pour limiter l'empreinte environnementale
de leurs livres, les éditions de l'Aube
font le choix de papiers issus de forêts durablement
gérées et de sources contrôlées.

Achevé d'imprimer en janvier 2024
sur les presses de l'imprimerie Firmin-Didot
pour le compte des éditions de l'Aube
331, rue Amédée-Giniès, F-84240 La Tour-d'Aigues

Numéro d'édition : 5969
Dépôt légal : février 2024
Numéro d'impression : 178280

Imprimé en France